JAPANISCH LERNEN

Hiragana
& Katakana

STUDIENFÜHRER UND SCHREIBÜBUNGSHEFT

NEUE 2-IN-1 ARBEITSBUCH FÜR ANFÄNGER

© Copyright 2020 George Tanaka
Alle Rechte Vorbehalten

POLYSCHOLAR
www.polyscholar.com

Rechtliche Hinweise: Dieses Buch ist urheberrechtlich geschützt. Dieses Buch ist nur für den persönlichen Gebrauch bestimmt. Der in diesem Buch enthaltene Inhalt darf ohne direkte schriftliche Genehmigung des Autors oder des Herausgebers nicht reproduziert, vervielfältigt oder übertragen werden. Sie dürfen den Inhalt dieses Buches ohne die Zustimmung des Autors oder des Herausgebers nicht verändern, verteilen, verkaufen, verwenden, zitieren oder paraphrasieren.

ANMERKUNGEN

INHALT

TEIL 1	Einführung	4
	So verwenden Sie dieses Buch	4
	Hintergrundinformationen	5
	Tipps zum Schreiben	7
TEIL 2	Hiragana-Tabellen & Grundregeln	9
TEIL 3	Hiragana Schreiben Lernen	14
TEIL 4	Katakana-Tabellen & Grundregeln	61
TEIL 5	Katakana Schreiben Lernen	66
TEIL 6	Genkouyoushi	113
TEIL 7	Flash-Karten	146

> **Tipp:** *Dieses Buch funktioniert am besten mit Gelschreibern, Bleistiften, Kugelschreibern und ähnlichen Medien. Seien Sie vorsichtig mit Markern und Tinte, da schwere oder nasse Medien zum Anlaufen des Papiers oder zur Übertragung auf die darunter liegenden Seiten führen können. Hier sind einige Testfelder, um zu prüfen, wie geeignet Ihre Stifte sind:*

Einführung

JAPANISCH LERNEN

Die ersten Schritte beim Erlernen des Lesens, Schreibens und Sprechens der japanischen Sprache sind das Erlernen von **Hiragana & Katakana**! Wenn Sie mit dem Nachschlagen von Diagrammen der Zeichen beginnen, wird es schnell zu einer entmutigenden Aufgabe - aber dieses Buch wurde so konzipiert, dass Sie es **einfacher und schneller** in den Griff bekommen.

Wir beginnen mit einigen grundlegenden Hintergrundinformationen, um Ihnen ein besseres Verständnis dafür zu vermitteln, wie das gesamte Sprachsystem funktioniert. Dann, nach einem kurzen Blick auf die verschiedenen "Alphabete" *(ja, es gibt mehr als eins!)*, werden wir direkt mit dem Lernen der Kana beginnen!

WIE SIE DIESES BUCH VERWENDEN

Wie beim Erlernen jeder Sprache ist die Wiederholung einer der schnellsten Wege, sie aufzusaugen. Dieses Arbeitsbuch enthält sorgfältig gestaltete Anleitungsseiten, die Ihnen beibringen, wie man jedes Zeichen schreibt, mit Platz zum Üben Ihrer neu erworbenen japanischen Kalligraphiekenntnisse:

HIRAGANA

KATAKANA

FLASH-KARTEN

Im hinteren Teil dieses Arbeitsbuchs finden Sie zusätzliche Raster, die Sie verwenden können, nachdem Sie gelernt haben, einige (oder sogar alle) Kana zu schreiben - diese Rasterseiten werden traditionell als Genkouyoushi (oder 原稿用紙 auf Japanisch) bezeichnet, was "Manuskriptpapier" bedeutet.

Der letzte Teil dieses Arbeitsbuchs enthält eine Reihe von Seiten im Stil von Lernkarten, die entweder fotokopiert oder ausgeschnitten werden können. Sie sind eine großartige Hilfe, um sich die Symbole einzuprägen und Ihr Wissen zu testen. Jüngere Lernende sollten sich beim Ausschneiden von einem Erwachsenen helfen lassen!

JAPANISCHE SCRIPTE

Hintergrundinformationen

Wenn Sie Japanisch lernen, werden Sie auf vier sehr unterschiedliche Arten von Schriften (oder Alphabete) stoßen. Das mag sich zunächst kompliziert anhören, aber es sollte gleich viel mehr Sinn ergeben - vor allem, weil Sie bereits eine davon verstehen werden!

RŌMAJI ロマンジ

Wörtlich übersetzt bedeutet dies "römische Buchstaben" und ist eigentlich nur eine Darstellung der japanischen Sprache mit bekannten englischen Buchstaben. Sie wird nur verwendet, um die Sprache in eine Form zu übersetzen, die Nicht-Japaner verstehen können. Im alltäglichen Gebrauch ist sie nicht sehr gebräuchlich.

Die anderen drei Schriften, Hiragana, Katakana und Kanji, werden ständig verwendet, und sie werden normalerweise kombiniert, um Wörter und Sätze in der japanischen Alltagssprache zu bilden. Jede Schrift hat ihren eigenen Zweck und zusammen sagen sie uns, was Wörter bedeuten, woher sie kommen und wie sie ausgesprochen werden sollten.

HIRAGANA ひらがな

あいうえおかきくけこ

Dies ist die erste Schrift, die wir lernen sollten, und sie besteht aus einfachen Zeichen, die aus runden Formen bestehen. Anders als das englische Alphabet ist es eine phonetische Schrift, und jedes Zeichen steht für einen Silbenlaut. Jedes Mal, wenn Sie ein bestimmtes Zeichen sehen, werden Sie wissen, wie es klingt.

KATAKANA カタカナ

アイウエオカキクケコ

Auch dies ist eine einfache phonetische Schrift. Katakana stellen die gleichen Silbenlaute dar wie Hiragana, werden aber für Wörter verwendet, die aus anderen Sprachen entlehnt wurden, wie z. B. ausländische Namen, moderne Technologien oder Lebensmittel. Ihr Erscheinungsbild ist kantiger und stacheliger.

Hintergrundinformationen

KANJI 漢字

Wörtlich übersetzt als "chinesische Buchstaben" sind Kanji Zeichen, die der chinesischen Sprache entlehnt sind. Im Gegensatz zu den anderen Schriften, die Laute darstellen, zeigen Kanji-Symbole Bedeutungsblöcke, wie ganze Wörter oder eine allgemeine Idee über etwas.

年本月生米前合事社京

Es gibt buchstäblich Tausende von Kanji, und es werden ständig neue geschaffen, sodass sie selbst für die fortgeschrittensten Linguisten eine ziemliche Herausforderung darstellen. Es gibt eine gewisse Logik, wie sie gemacht werden, sodass Sie schließlich erraten oder verstehen könnten, was diese Symbole bedeuten, die Sie vorher noch nicht gesehen haben.

KANA-SILBENBÜCHER

Hiragana und Katakana (allgemein als Kana bekannt) haben jeweils 46 Grundzeichen, die im Gegensatz zu den englischen Buchstaben einen anderen gesprochenen Laut (anstelle eines Buchstabens) darstellen.

Praktisch alle diese Laute basieren auf nur 5 "Vokallauten", denen wir einen Konsonantenlaut voranstellen, um neue zu bilden. Ich verspreche, dass es einfacher sein wird, als es scheint!

Hiragana	あ	い	う	え	お
Katakana	ア	イ	ウ	エ	オ
Romaji	a	i	u	e	o
	'ah'	'ee'	'oo'	'eh'	'oh'

Dieses Buch zeigt Ihnen, wie Sie alle grundlegenden Hiragana und Katakana schreiben können, und auch, wie zusätzliche Laute durch die Kombination der Grundzeichen entstehen. Am Ende des Buches werden Sie in der Lage sein, die Zeichen zu schreiben, die die meisten der für Japanisch benötigten Laute bilden.

Die nächsten Seiten enthalten eine Menge Informationen, aber versuchen Sie, sich davon nicht überwältigen zu lassen. Zusätzlich zu den Diagrammen aller grundlegenden Kana, die Sie lernen werden, werden wir einige der grundlegenden Regeln zum Kombinieren dieser Symbole aufschlüsseln - dann ist es Zeit, den Stift zu Papier zu bringen!

Tipps zum Schreiben

SCHREIBRICHTUNG

Japanische Texte sind oft in vertikalen Spalten angeordnet, die von oben nach unten geschrieben und gelesen werden, eine Spalte nach der anderen, beginnend an der rechten Seite der Seite. Seit dem Ende des Zweiten Weltkriegs wird die bekanntere horizontale Ausrichtung verwendet - gelesen wird von links nach rechts, wie in der englischen Sprache. Dies gilt für alle unterschiedlichen Schriften.

Der Text in diesen Beispielen ist bis auf die Lese- und Schreibrichtung identisch:

私は犬を飼っています。
彼女は行儀が良い。
彼らは寝るのが好きです。
多くの場合、一日中。
多分彼女は怠け者です。

Tategaki
縦書き
('vertikales Schreiben')

私は犬を飼っています。
彼女は行儀が良い。
彼らは寝るのが好きです。
多くの場合、一日中。
多分彼女は怠け者です。

Yokogaki
横書き
('horizontales Schreiben')

Beide Stile sind akzeptiert und werden oft aufgrund des Layouts und Designs des Dokuments gewählt. Im Allgemeinen werden vertikale Layouts für traditionelle Texte verwendet, während horizontaler Text in moderneren Schriften oder auf offiziellen Dokumenten zu finden ist. Eine Sache, die Sie sich merken sollten, ist, dass Bücher mit dem tategaki (vertikalen) Schreibstil in der entgegengesetzten Richtung zu englischen Büchern gebunden sind, so dass Sie tatsächlich mit dem Lesen vom hinteren Einband beginnen!

PRONUNKATION

Das Erlernen einer guten Aussprache des Japanischen beginnt mit dem Erlernen der Kana-Schriften, da diese die meisten Laute abdecken, die wir für die gesamte Sprache benötigen. Es ist wichtig, dieses frühe Stadium zu üben, wenn Sie einen natürlich und muttersprachlich klingenden Akzent entwickeln wollen.

Hinweis: Dieses Arbeitsbuch enthält eine sehr grundlegende Einführung in die japanische Aussprache, da diese am effektivsten mit Audio unterrichtet wird. Jede der Übungsseiten verwendet ein ähnlich klingendes Wort oder eine Silbe aus dem Englischen, um die Laute zu beschreiben - es ist eine gute Übung, diese laut zu wiederholen, während Sie durch das Buch gehen.

Tipps zum Schreiben

STRICHE & LINIEN

Japanische Schriften wurden ursprünglich mit einem Pinsel geschrieben und haben ein tintiges, gemaltes Aussehen. Heutzutage verwenden wir moderne Stifte, aber es ist wichtig, dass wir lernen, mit den traditionellen Bewegungen und Strichen zu schreiben. Praktischerweise enthält das Hiragana-Zeichen け (oder 'ke') jede der drei Arten von Strichen, die Sie verwenden werden - um zu beschreiben, wie man die Zeichen im nächsten Kapitel schreibt, haben wir ihnen Namen gegeben, die widerspiegeln, wie sie gemacht sind und aussehen:

Sprungüberblendung   *Stopp-Strich*   *Fade Stroke*

Die **'Sprungüberblendung'** wird mit einem schnellen Abheben des Stifts vom Papier am Ende dieses Strichs ausgeführt. Der **'Stopp-Strich'** ist genau das, wonach er klingt: Ihr Strich wird zu einem definitiven Stopp gebracht, bevor Sie den Stift anheben. Ein **'Fade Stroke'** wird gemacht, indem Sie Ihren Stift sanfter vom Papier abheben, während Ihre Hand in Bewegung ist. Sie können sich vorstellen, wie die Linie dünner wird und ausläuft, wenn Sie eine dicke, nasse Pinselspitze allmählich vom Blatt abheben.

SCHREIBSTIL

Dieses Buch wird Ihnen beibringen, wie man Hiragana mit den Standardbewegungen schreibt, die auf den gebürsteten Erscheinungen basieren, aber Sie werden im Laufe des Lernens auf andere Zeichenstile stoßen:

Diese Zeichen haben alle die gleiche Bedeutung, sehen aber nur etwas anders aus, weil sie entweder von Hand, mit Kugelschreibern oder Bleistiften angefertigt oder als moderne digitale Schrift auf einem Bildschirm (oder im Druck) dargestellt werden. Auch wenn sich das Aussehen leicht ändert, bleibt die Bedeutung erhalten.

Teil 2

HIRAGANA-TABELLEN & GRUNDREGELN

Hiragana-Tabelle

Diese Tabelle zeigt die 46 grundlegenden Hiragana mit einer Schreibweise in Romaji für einen ähnlichen phonetischen Klang. Die Vokallaute stehen oben und ihre Gegenstücke mit Konsonantenlauten sind darunter dargestellt. ***Beachten Sie die Ausnahme 'n' - auch *wo ist ein ungewöhnliches Kana.*

Vokale

	a	i	u	e	o
	あ a	い i	う u	え e	お o
k	か ka	き ki	く ku	け ke	こ ko
s	さ sa	し shi	す su	せ se	そ so
t	た ta	ち chi	つ tsu	て te	と to
n	な na	に ni	ぬ nu	ね ne	の no
h	は ha	ひ hi	ふ fu	へ he	ほ ho
m	ま ma	み mi	む mu	め me	も mo
y	や ya		ゆ yu		よ yo
r	ら ra	り ri	る ru	れ re	ろ ro
w	わ wa			ん **n	を *wo

Konsonanten

Modifikatoren

DIAKRITIKA

Zusätzlich zu den grundlegenden Hiragana gibt es **25 diakritische** Zeichen. Diese stehen für ähnlich klingende Silben, die unterschiedlich ausgesprochen werden. Es sind im Wesentlichen die gleichen Grundsymbole, aber mit zusätzlichen Zeichen, um anzuzeigen, dass sie mit einem leicht veränderten Klang ausgesprochen werden sollten:

Grundlegend — *mit Dakuten* — *mit Handakuten*

Grundlegende Hiragana mit diesen kleinen Strichen *(Dakuten)* oder einem Kreis *(Handakuten)* darüber zeigen, dass der konsonantische Teil des Lautes beim Sprechen verändert werden muss:

- k-werden mit einem g-Laut ausgesprochen.
- s-Töne wechseln zu einem Z-Ton (außer し).
- t-Töne werden zu d-Tönen.
- h-Töne werden bei Dakuten zu B-Tönen.
  ...oder P-Töne mit dem Handakuten.

	a	i	u	e	o
k ▸ g	が ga	ぎ gi	ぐ gu	げ ge	ご go
s ▸ z	ざ za	じ ji	ず zu	ぜ ze	ぞ zo
t ▸ d	だ da	ぢ dzi (ji)	づ dzu	で de	ど do
h ▸ b	ば ba	び bi	ぶ bu	べ be	ぼ bo
h ▸ p	ぱ pa	ぴ pi	ぷ pu	ぺ pe	ぽ po

DIGRAPHEN

Diese Gruppe von Symbolen wird Digraphen genannt - unter Verwendung von zwei Grundzeichen, die wir bereits gesehen haben, zeigen sie, wo zwei Silbenlaute kombiniert werden, um einen neuen zu erzeugen:

き (ki) + や (ya) = きゃ (kya)

Beim Schreiben dieser Buchstaben ist es wichtig, dass das zweite Zeichen deutlich kleiner gezeichnet wird als das erste. Daran erkennt man, dass die beiden Laute kombiniert werden sollen.

Die Aussprache dieser sogenannten zusammengesetzten Hiragana-Laute ist recht einfach - zum Beispiel wird き (ki) + や (ya) zu きゃ (kya) und wir sprechen es wie 'kiya' ohne den 'i'-Laut aus.

Lassen Sie sich von der Tabelle unten nicht abschrecken - alle Digraphen werden ausschließlich mit Buchstaben aus der Spalte い/i gebildet (außer sich selbst) und sie werden nur durch Buchstaben aus der Zeile Y verändert!

きゃ kya	きゅ kyu	きょ kyo	ぎゃ gya	ぎゅ gyu	ぎょ gyo
しゃ sha	しゅ shu	しょ sho	じゃ ja	じゅ ju	じょ jo
ちゃ cha	ちゅ chu	ちょ cho	にゃ nya	にゅ nyu	にょ nyo
ひゃ hya	ひゅ hyu	ひょ hyo	びゃ bya	びゅ byu	びょ byo
ぴゃ pya	ぴゅ pyu	ぴょ pyo	りゃ rya	りゅ ryu	りょ ryo
みゃ mya	みゅ myu	みょ myo			

Modifikatoren

DOPPELKONSONANTEN

Wir müssen uns auch bewusst sein, dass einige japanische Wörter einen doppelten Konsonantenlaut enthalten. Wenn wir diese Wörter schreiben, fügen wir ein zusätzliches Symbol in Form eines kleinen つ/tsu (genannt sokuon) hinzu, um zu zeigen, dass es anders ausgesprochen werden muss. Schauen wir uns ein Beispiel an:

Ohne das kleine つ (tsu), hat das Wort いぷん (ipun) keine Bedeutung, aber いっぷん (ippun), mit dem sokuon, bedeutet (eine) Minute.

Beachten Sie, dass das kleine つ vor dem Zeichen platziert ist, von dem es den zusätzlichen Konsonantenlaut übernimmt. Wenn Sie Wörter mit diesem Modifikator sehen, wird der konsonantische Teil des Zeichens, das ihm folgt (in diesem Beispiel das 'p' aus 'pu'), an das Ende des Lautes davor angefügt.

Beide Konsonanten müssen beim Sprechen des Wortes getrennt zu hören sein, wie wenn man 'ip-pun', aber ohne eine Lücke zu hinterlassen, die man hören kann.

LANGE VOKALLAUTE

Genauso wie es doppelte Konsonantenlaute gibt, müssen wir uns auch der verlängerten Vokallaute bewusst sein (z. B. aa, ii, oo, ee und uu). Beim Sprechen verlängern wir einfach die Dauer des Lautes (normalerweise doppelt), aber beim Schreiben dieser Wörter wird der lange Vokallaut mit einem zusätzlichen Zeichen (Chouon genannt) dargestellt. Das verwendete Zeichen variiert je nach Vokal:

Vokale	Extender
a	あ
i / e	い
u / o	う

Hier ist ein Beispiel, um zu zeigen, wie sich die Bedeutung des Wortes ändert, indem der längere Vokalton hinzugefügt wird!

Die japanische Sprache ist voll von Ausnahmen, aber die lernt man mit der Erfahrung. Es ist nur nützlich, sich der doppelten Konsonanten und Vokale erst einmal bewusst zu sein, damit Sie verstehen, wenn Sie einen sehen!

Teil 3

LERNEN, WIE MAN HIRAGANA SCHREIBT

| あ あ a | SAGEN | Wird ausgesprochen wie das "A" in "Apfel". |

LERNEN Gezeichnet mit drei Strichen; stop, stop, ausblenden.

Der erste Strich ist eine horizontale Linie in einem leichten Winkel. Der zweite schneidet den ersten vertikal in der Mitte und wölbt sich nach unten und dann nach außen zum Boden hin. Der dritte Strich beginnt in der Mitte, krümmt sich nach unten und links, bevor er wieder nach oben und nach rechts verläuft. Er kreuzt seinen Startpunkt und geht dann wieder nach unten. Versuchen Sie, Ihren Stift am Ende dieses dritten Strichs zu schnippen.

SCHREIBEN   Zeichnen Sie zunächst die Formen in den großen Zellen unten nach.

ÜBEN   Üben Sie nun das Zeichnen dieser Figur in diesen kleineren Zellen.

SAGEN Wird wie das "I" in "Igel" ausgesprochen.

LERNEN Mit zwei Strichen gezeichnet; Sprungüberblendung, Stopp.

Der erste Strich ist eine geschwungene diagonale Linie, die unten scharf nach oben abbiegt und mit einem Federstrich endet. Diese Art der Freigabe mit einer scharfen Wendung wird als Hane bezeichnet. Wenn Sie eine Hane schreiben, ist es so, als ob dieser Strich mit dem nächsten verbunden wird. Der zweite Strich beginnt fast dort, wo Ihr erster aufhört - zeichnen Sie eine entgegengesetzte geschwungene Linie vom ersten Strich, kürzer als der erste, ohne die Hane.

SCHREIBEN Zeichnen Sie zunächst die Formen in den großen Zellen unten nach.

ÜBEN Üben Sie nun das Zeichnen dieser Figur in diesen kleineren Zellen.

う う u

SAGEN · Wird ausgesprochen wie das "u" in "zu".

LERNEN · Gezeichnet mit zwei Strichen; Sprungüberblendung, Stopp.

Ziehen Sie die kurze schräge Linie oben in der Mitte und schnippen Sie den Stift zurück und nach links weg. Achten Sie auf den zweiten Strich, wenn Sie den Stift wegschnippen - er beginnt fast dort, wo der erste endete, in der gleichen Richtung. Die Ohrform wölbt sich nach rechts oben und dann nach unten zur unteren Mitte. Schnippen Sie den Stift auch bei diesem Strich. Der erste Strich sollte nicht zu groß sein, sonst wirkt er unausgewogen.

SCHREIBEN · Zeichnen Sie zunächst die Formen in den großen Zellen unten nach.

ÜBEN · Üben Sie nun das Zeichnen dieser Figur in diesen kleineren Zellen.

17

え え **e**

SAGEN   Wird als "eh" ausgesprochen, wie das "E" in "Engel".

LERNEN   Gezeichnet mit zwei Strichen; Sprungüberblendung, Stopp.

Wir beginnen genau wie beim vorherigen Hiragana う, mit einem kurzen schrägen Strich oben in der Mitte. Für den zweiten Strich stellen Sie sich vor, dass Sie die Zahl 7 schreiben und dann ein wenig nach oben ziehen, bevor Sie eine kleine Welle zeichnen. Verlängern Sie diesen Strich, aber schnippen Sie den Stift nicht von der Seite.

SCHREIBEN   Zeichnen Sie zunächst die Formen in den großen Zellen unten nach.

ÜBEN   Üben Sie nun das Zeichnen dieser Figur in diesen kleineren Zellen.

SAGEN   Wird ausgesprochen wie das "o" in "oben".

LERNEN Gezeichnet mit drei Strichen; stop, fade, stop.

Beginnen Sie mit einem kurzen waagerechten Strich, genau wie bei あ, aber etwas tiefer und nach links. Der zweite Strich halbiert den ersten mit einer vertikalen Linie, die unten scharf nach links abknickt. Dann dreht er sich wieder, um einen großen Bogen zu erzeugen, bevor er am Ende den Stift abschnippt. Der dritte kleine Strich setzt oben rechts an den ersten Strich an.

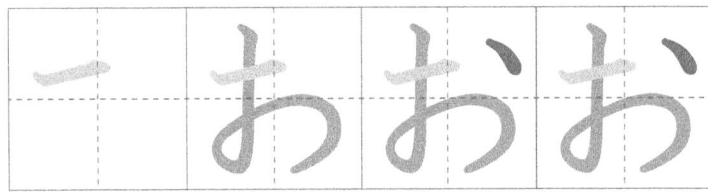

SCHREIBEN   Zeichnen Sie zunächst die Formen in den großen Zellen unten nach.

ÜBEN   Üben Sie nun das Zeichnen dieser Figur in diesen kleineren Zellen.

19

か か **ka**

| SAGEN | Wird wie "Ka" ausgesprochen, wie in "Kaffee". |

LERNEN Gezeichnet mit drei Strichen; Sprung, Stopp, Stopp.

Beginnen Sie mit einem horizontalen Strich, bevor Sie senkrecht nach unten drehen und nach links zurückbiegen - enden Sie mit einer Hane. Der zweite Strich kreuzt den ersten, von der oberen Mitte nach links unten. Der letzte Strich ist eine schräge Kurve, die nach rechts übergeht. Es ist wichtig, dass dieser Strich länger ist als die kleinen Striche im vorherigen Kana, damit er nicht als Modifikator gelesen wird.

SCHREIBEN   Zeichnen Sie zunächst die Formen in den großen Zellen unten nach.

ÜBEN   Üben Sie nun das Zeichnen dieser Figur in diesen kleineren Zellen.

SAGEN Wird ausgesprochen wie das "Ki" in "Kinder".

LERNEN Vier Striche; Anschlag, Anschlag, Sprungblende, Anschlag.

Ihre ersten beiden Striche sind parallele Linien, von links nach rechts und in einem leichten Winkel. Strich drei durchschneidet die ersten beiden und endet mit einer Hane. Zeichnen Sie Ihre Hane nach oben, um die vierte Markierung zu setzen. Zeichnen Sie die letzte gebogene Stoppmarke nach rechts herum. In manchen Schriften sieht man diese Markierungen oft miteinander verbunden, wie in der kleinen Abbildung links gezeigt, aber dies ist die richtige Art, dieses Zeichen zu zeichnen.

SCHREIBEN Zeichnen Sie zunächst die Formen in den großen Zellen unten nach.

ÜBEN Üben Sie nun das Zeichnen dieser Figur in diesen kleineren Zellen.

く く **ku**

| SAGEN | Ausgesprochen wie "Kuh" (wie das Tier). |

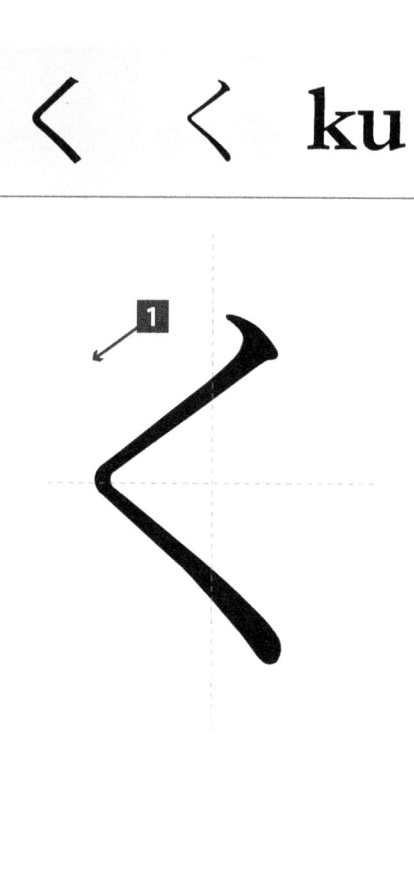

| LERNEN | Mit einem Strich gezeichnet; einem Stopp. |

Dieses Einzelstrichzeichen wird ähnlich wie eine öffnende spitze Klammer gezeichnet, jedoch mit einer leichten Biegung nach innen. Versuchen Sie, darauf zu achten, dass der Start- und Endpunkt vertikal ausgerichtet sind, um ein ordentliches, ausgewogenes Zeichen zu erzeugen.

SCHREIBEN　　　　　Zeichnen Sie zunächst die Formen in den großen Zellen unten nach.

ÜBEN　　　　　Üben Sie nun das Zeichnen dieser Figur in diesen kleineren Zellen.

け　け **ke**

SAGEN   Ausgesprochen wie das "ke" in "kennen".

LERNEN   Drei Zeilen; Sprungüberblendung, Stopp Überblendung.

Zeichnen Sie den ersten Strich abwärts mit einer leichten Kurve nach außen und endend mit einer Hane. Die zweite Markierung erfolgt als Fortsetzung der Hane, mit einer kurzen Linie von links nach rechts. Der letzte Strich ist wieder eine senkrechte Linie nach unten, diesmal mit einer Kurve nach links. Er beginnt ein wenig höher als höher als zuvor und endet auch tiefer. Beenden Sie diesen Strich mit einem Schnipsen des Stifts.

SCHREIBEN   Zeichnen Sie zunächst die Formen in den großen Zellen unten nach.

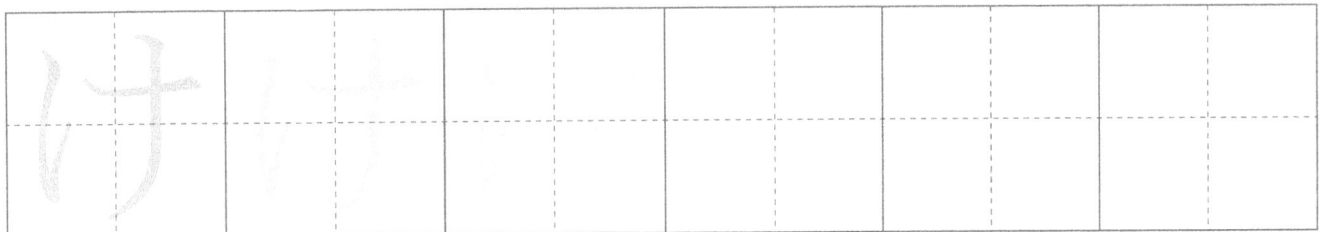

ÜBEN   Üben Sie nun das Zeichnen dieser Figur in diesen kleineren Zellen.

こ こ ko

SAGEN — Ausgesprochen "ko" wie in "Disko".

LERNEN — Mit zwei Strichen gezeichnet; ein Sprung und ein Stopp.

Zeichnen Sie dieses Kana mit zwei Strichen, die nach innen gebogen sind und sich fast zu einer großen Schleife verbinden. Die erste Markierung ist eine gebogene horizontale Linie, die mit einem Hane endet. Der zweite Strich beginnt weiter unten und nach links. Die Striche sollten so aussehen, als würden sie sich fast zu einer geschlossene Kreisform.

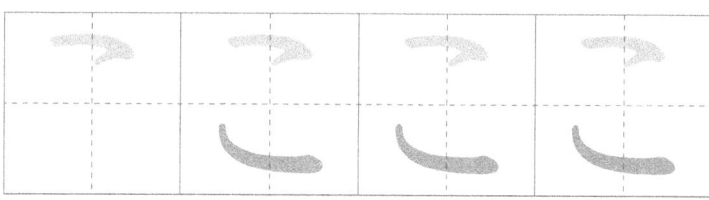

SCHREIBEN — Zeichnen Sie zunächst die Formen in den großen Zellen unten nach.

ÜBEN — Üben Sie nun das Zeichnen dieser Figur in diesen kleineren Zellen.

さ　さ　**sa**

SAGEN　Wird wie das "ßa" ausgesprochen, wie in "großartig".

LERNEN　Gezeichnet mit drei Strichen; Stopp, Sprung, Stopp

Wird ähnlich geschrieben wie き, jedoch ohne den ersten kurzen Strich. Beginnen Sie mit dem schrägen waagerechten Strich von links nach rechts. Ihr zweiter Strich durchschneidet diese Markierung und endet mit einer Hane. Die dritte Markierung entsteht, indem Sie den Stift nach dem Hane leicht absetzen und zurückbiegen. Dieses Kana wird oft als verbunden dargestellt, aber die richtige Methode ist, den Stift anzuheben.

SCHREIBEN　　Zeichnen Sie zunächst die Formen in den großen Zellen unten nach.

ÜBEN　　Üben Sie nun das Zeichnen dieser Figur in diesen kleineren Zellen.

し　し　shi

SAGEN — Ausgesprochen "schie" wie in "schielen".

LERNEN — Zeichnen Sie dieses Kana mit einem einzigen Strich; eine gebürstete Überblendung.

Dieses Kana wird mit nur einem Strich geschrieben. Es beginnt als senkrechte Linie von oben nach unten, bevor es nach rechts und nach oben gebogen wird. Schnippen Sie Ihren Stift am Ende von der Seite.

SCHREIBEN — Zeichnen Sie zunächst die Formen in den großen Zellen unten nach.

ÜBEN — Üben Sie nun das Zeichnen dieser Figur in diesen kleineren Zellen.

す　す　su

SAGEN　Ausgesprochen "su" wie in "super".

LERNEN　Zwei Striche; Einen Stopp und einen Fade in einer Schleife.

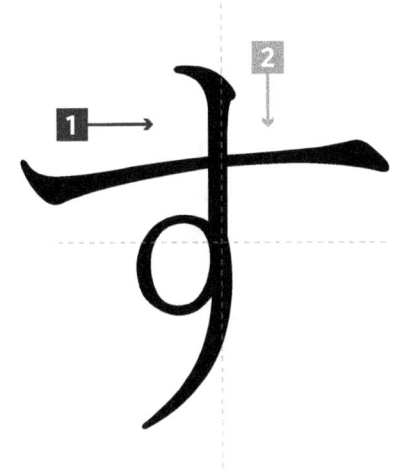

Beginnen Sie mit einer langen Linie, die von links nach rechts gezogen wird. Ihre zweite Markierung beginnt oben und wird durch die erste nach unten gezogen. Sie bildet dann direkt nach dem Schnittpunkt eine Schleife. Schließen Sie den Strich ab, indem Sie eine Kurve nach links unten ziehen und den Stift am Ende vom Papier schnippen, um den Strich auszublenden. Versuchen Sie, den ersten Strich leicht außermittig, nach rechts, durchzuschneiden.

SCHREIBEN　Zeichnen Sie zunächst die Formen in den großen Zellen unten nach.

ÜBEN　Üben Sie nun das Zeichnen dieser Figur in diesen kleineren Zellen.

せ　せ　se

SAGEN　Wird wie "sä" ausgesprochen, mit muhr "s-".

LERNEN　Gezeichnet mit drei Strichen; Stopp, Sprung, Stoppt

Beginnen Sie dieses Zeichen mit einem langen, horizontalen Strich von links nach rechts. Der zweite Strich ist ein kürzerer, senkrechter Strich nach rechts und endet mit einer Hane nach oben und links. Heben Sie den Stift an, aber halten Sie den Schwung in der gleichen Richtung, während Sie den dritten Strich ansetzen. Machen Sie einen senkrechten Strich nach unten und biegen Sie sich um und nach rechts. Schnippen Sie hier nicht mit dem Stift.

SCHREIBEN　　　　　　　　　Zeichnen Sie zunächst die Formen in den großen Zellen unten nach.

ÜBEN　　　　　　　　　Üben Sie nun das Zeichnen dieser Figur in diesen kleineren Zellen.

so

SAGEN   Wird ausgesprochen wie das "So" in "Soja".

LERNEN   Dieses Kana wird mit einem einzigen Zick-Zack-Strich erzeugt; Stopp.

Beginnen Sie mit der "Z"-Form in der oberen Hälfte, bevor Sie die "C"-Form darunter hinzufügen - heben Sie den Stift nicht von der Seite ab. Die "C"-Form sollte ohne eine Aufwärtsbewegung enden. Achten Sie darauf, dass Ihre mittlere horizontale Linie länger ist als die obere. In einigen Schriftarten wird dieses Zeichen als zwei Striche dargestellt, was jedoch selten vorkommt.

SCHREIBEN   Zeichnen Sie zunächst die Formen in den großen Zellen unten nach.

ÜBEN   Üben Sie nun das Zeichnen dieser Figur in diesen kleineren Zellen.

た た **ta**

SAGEN | Wird wie das "Ta" in "Tag" ausgesprochen, aber kürzer.

LERNEN | Mit vier Strichen gezeichnet; es sind allesamt Stopps.

Bilden Sie ein klein geschriebenes 't', wobei die vertikale Linie nach unten und links zeigt. Machen Sie dies in der linken Hälfte der Zelle, damit Platz für den nächsten Teil vorhanden ist. Ihr dritter Strich erzeugt eine kleine gebogene Markierung rechts von der T-Form und Strich vier wird darunter gemacht, mit einer entgegengesetzten Kurve zum vorherigen Strich. Die letzten beiden Striche sollten so aussehen, als würden sie sich fast zu einer Kreisform verbinden.

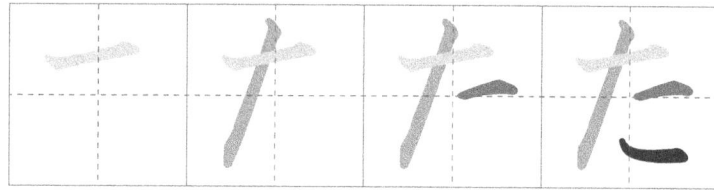

SCHREIBEN | Zeichnen Sie zunächst die Formen in den großen Zellen unten nach.

ÜBEN | Üben Sie nun das Zeichnen dieser Figur in diesen kleineren Zellen.

30

ち ち chi

SAGEN   Wird genauso ausgesprochen wie das "Chi" in "Tai-Chi".

LERNEN   Dieses Kana wird mit zwei Strichen gezeichnet; stop, fade.

Wir schreiben dieses Zeichen als Spiegelbild von さ, aber es ist nicht nötig, den Stift anzuheben. Zeichnen Sie Ihren ersten Strich von links nach rechts, in einem leichten Winkel. Ihr zweiter Strich ist eine leicht diagonale Linie nach unten und nach links, die sich mit dem ersten schneidet. Wenn Sie sich dem Boden nähern, biegt er sich wieder nach oben und nach rechts, so dass er eine Kreisform bildet und mit einem Schnipsen von der Seite endet.

SCHREIBEN   Zeichnen Sie zunächst die Formen in den großen Zellen unten nach.

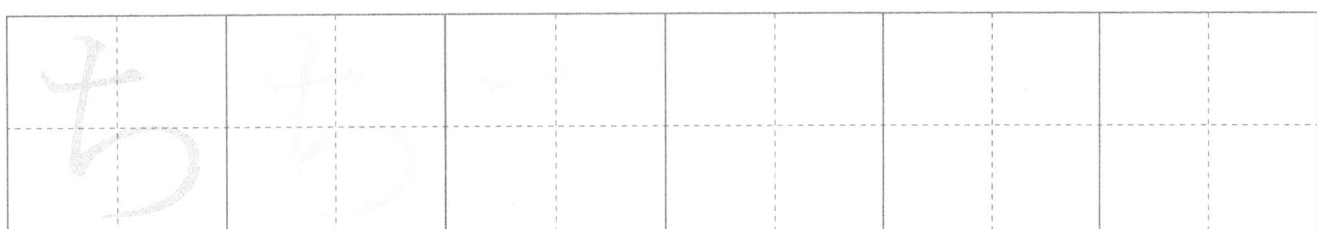

ÜBEN   Üben Sie nun das Zeichnen dieser Figur in diesen kleineren Zellen.

つ つ **tsu**

SAGEN — Wird genauso ausgesprochen wie das "Tsu" in "Tsunami".

LERNEN — Wir schreiben dieses Kana mit einem einzigen Strich; fade.

Als eines der einfachsten Zeichen wird dieses Kana mit einem langen, schwungvollen Bogen erzeugt, der am Ende ausblendet. Erzeugen Sie die Überblendung, indem Sie Ihren Stift von der Seite wegschnippen, wenn Sie sich dem Ende des Bogens nähern.

SCHREIBEN — Zeichnen Sie zunächst die Formen in den großen Zellen unten nach.

ÜBEN — Üben Sie nun das Zeichnen dieser Figur in diesen kleineren Zellen.

て　て　te

SAGEN　Wird ausgesprochen wie das "The" in "Thema".

LERNEN　Dieses Kana wird mit einem Strich gezeichnet; ein Stopp.

Ziehen Sie den Stift in einem Zug von links nach rechts in einem leichten Winkel nach oben, bevor Sie sich wieder nach links und unten bewegen. Halten Sie den Stift auf dem Papier, während Sie eine große geschwungene Kurve in Form eines "C" erzeugen. Da es sich um eine Stoppmarkierung handelt, sollten Sie den Stift nicht von der Seite wegschnippen.

SCHREIBEN　　　　　Zeichnen Sie zunächst die Formen in den großen Zellen unten nach.

ÜBEN　　　　　Üben Sie nun das Zeichnen dieser Figur in diesen kleineren Zellen.

と　と　**to**　　SAGEN　　Wird ausgesprochen wie das "to" in "toll".

LERNEN　Dieses Kana wird mit zwei Strichen erzeugt; stop, stop.

Die erste Markierung ist eine kleine, leicht schräge Linie, die bis zur Mitte der Zelle gezogen wird. Ihr zweiter Strich ist eine große gebogene Linie, die in der Mitte auf das Ende des ersten Strichs trifft. Er biegt dann nach links außen und in Richtung der unteren rechten Seite der Zelle ab. Der Anfangs- und Endpunkt des zweiten Strichs sollte vertikal ausgerichtet sein. Ihr zweiter Strich sollte den ersten nicht kreuzen, sondern durch das Ende gehen.

SCHREIBEN　　　　Zeichnen Sie zunächst die Formen in den großen Zellen unten nach.

ÜBEN　　　　Üben Sie nun das Zeichnen dieser Figur in diesen kleineren Zellen.

な な **na**

SAGEN — Wird ausgesprochen wie das "Na" in "Nacht".

LERNEN — Vier Striche: Stop, Stop, Sprung Fade und Stop.

Beginnen Sie mit einem kurzen, abgewinkelten horizontalen Strich auf der linken Seite. Ihre zweite Markierung ist ein längerer diagonaler Strich, der den ersten nach unten und links durchschneidet - machen Sie ihn nicht zu lang. Der dritte Strich wird als geschwungene Linie auf der rechten Seite ausgeführt und endet mit einer Hane. In dem Moment, in dem Sie den Stift anheben, beginnen Sie sofort den vierten Strich nach unten, bevor er eine Schleife über sich selbst macht.

SCHREIBEN — Zeichnen Sie zunächst die Formen in den großen Zellen unten nach.

ÜBEN — Üben Sie nun das Zeichnen dieser Figur in diesen kleineren Zellen.

に に **ni**

SAGEN — Wird ausgesprochen wie das "ni" in "Knie", aber kürzer.

LERNEN — Drei Striche; eine Sprungüberblendung und zwei Stopps.

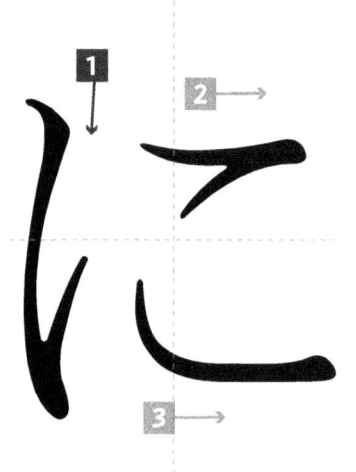

Beginnen Sie, ähnlich wie bei den vorherigen Zeichen, mit einer vertikalen Linie nach unten auf der linken Seite und enden Sie mit einer Hane nach oben auf der rechten Seite. Ihre zweite Markierung ist fast eine Fortsetzung von der Hane und ist eine kleine gebogene horizontale Linie. Die letzte Markierung wird als Kurve in die entgegengesetzte Richtung ausgeführt, so dass sie fast einen Kreis bildet. Schnippen Sie Ihren Stift hier nicht ab, da es sich um eine Stoppmarkierung handelt.

SCHREIBEN — Zeichnen Sie zunächst die Formen in den großen Zellen unten nach.

ÜBEN — Üben Sie nun das Zeichnen dieser Figur in diesen kleineren Zellen.

nu

SAGEN Ausgesprochen wie das "Nu" in "Nudeln", aber kurz.

LERNEN Einem Anschlag und einem langen Schleifenanschlag.

Beginnen Sie damit, eine leicht gebogene Linie in einem Winkel zu zeichnen. Ihre zweite Markierung beginnt auf einer ähnlichen Höhe, biegt sich aber zurück zur ersten. Sie macht dann eine Schleife nach oben und zurück nach rechts. Wenn sich Ihr Stift der unteren rechten Seite der Zelle nähert, machen Sie eine Schleife nach rechts. Achten Sie darauf, dass die Abstände zwischen den Linien im Beispiel übereinstimmen, damit Ihr Zeichen gut ausbalanciert ist.

SCHREIBEN Zeichnen Sie zunächst die Formen in den großen Zellen unten nach.

ÜBEN Üben Sie nun das Zeichnen dieser Figur in diesen kleineren Zellen.

ね ね **ne**

SAGEN — Ausgesprochen wie das "Ne" in "Nest".

LERNEN — Gezeichnet mit zwei Striche; Stopp, langer Stopp.

Zeichnen Sie die vertikale Linie von oben nach unten. Beginnen Sie den zweiten Strich mit einer kurzen horizontalen Linie, die über die erste geht, bevor Sie den Stift nach unten zur linken Seite bewegen. Ohne den Stift von der Seite zu nehmen, kehrt der zweite Strich nach oben zurück und fährt fort, einen großen Bogen zu erzeugen. Wenn Sie sich der unteren rechten Seite nähern, machen Sie eine kleine Schleife zurück nach rechts, um das Zeichen zu vollenden.

SCHREIBEN — Zeichnen Sie zunächst die Formen in den großen Zellen unten nach.

ÜBEN — Üben Sie nun das Zeichnen dieser Figur in diesen kleineren Zellen.

の の no

SAGEN　Wird wie "no" ausgesprochen.

LERNEN　Mit einem Strich Geschrieben; eine lange Überblendung

Ausgehend vom oberen mittleren Teil der Zelle ziehen Sie Ihren Stift nach unten und diagonal nach links. Vom unteren Ende dieser Linie aus bewegen Sie Ihren Stift in einer großen kreisförmigen Bewegung nach oben und über den Punkt, von dem aus Sie gestartet sind, nach rechts. Achten Sie beim Durchfahren Ihres Startpunktes darauf, dass Sie Ihren Bogen nicht zu tief zeichnen und die vertikale Linie darüber hinausragen lassen. Bringen Sie den Bogen herum und schnippen Sie Ihren Stift.

SCHREIBEN　Zeichnen Sie zunächst die Formen in den großen Zellen unten nach.

ÜBEN　Üben Sie nun das Zeichnen dieser Figur in diesen kleineren Zellen.

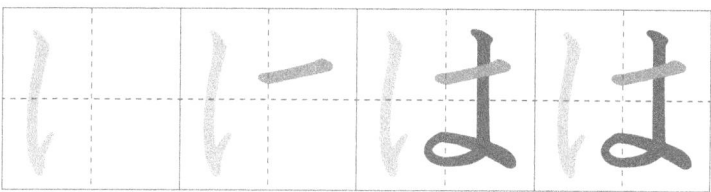 **ha**

SAGEN — Wird wie das "ha" in "hallo" ausgesprochen.

LERNEN — Zeichnen Sie dieses Kana mit drei Strichen; Sprung, Stopp, Schleifenstopp.

Ihre ersten beiden Striche sind ähnlich wie bei Hiragana け, mit einem geschwungenen vertikalen Strich, der in einem Hane endet. Der zweite Strich ist ein kürzerer horizontaler Strich nach rechts. Ihr dritter Strich geht durch den zweiten hindurch, wird senkrecht nach unten gezogen und endet mit einer kleinen Schleife über sich selbst nach rechts.

SCHREIBEN — Zeichnen Sie zunächst die Formen in den großen Zellen unten nach.

ÜBEN — Üben Sie nun das Zeichnen dieser Figur in diesen kleineren Zellen.

ひ ひ **hi**

SAGEN — Ausgesprochen wie das "Hy" in "Hysterie".

LERNEN — Gezeichnet mit einem Strich; ein schwungvoller Anschlag.

Beginnen Sie mit einer kurzen, leicht abgewinkelten Linie nach oben, bevor Sie wieder ein wenig nach links zurückgehen. Halten Sie den Stift auf der Seite, während Sie eine große geschwungene Kurve in U-Form um die untere Hälfte der Zelle ziehen. Wenn Sie wieder in der Nähe des oberen Bereichs sind, fahren Sie, ohne den Stift zu heben, ein Stück zurück und dann mit einer gekrümmten Linie nach rechts weg bis zum Anschlag. Schnippen Sie Ihren Stift hier nicht vom Papier.

SCHREIBEN — Zeichnen Sie zunächst die Formen in den großen Zellen unten nach.

ÜBEN — Üben Sie nun das Zeichnen dieser Figur in diesen kleineren Zellen.

41

ふ ふ fu

SAGEN Ausgesprochen wie das "Fu" in "Fuji".

LERNEN Vier Striche; Sprung Fade, Sprung, Stop und Stop.

Beginnen Sie mit einem kurzen Schrägstrich, der oben in der Mitte mit einer Hane endet. Ihr zweiter Strich ist dann eine Art Nasenform, die mit einem Schnipsen in Richtung des Beginns von Strich drei beendet werden sollte. Dies ist wieder ein kurzer schräger Strich, der mit einer Hane endet, nach oben und nach rechts. Für den vierten Strich heben Sie den Stift nach rechts, wo Sie die letzte, kurze geschwungene Linie ziehen.

SCHREIBEN Zeichnen Sie zunächst die Formen in den großen Zellen unten nach.

ÜBEN Üben Sie nun das Zeichnen dieser Figur in diesen kleineren Zellen.

∧ ⌒ **he**

SAGEN   Wird wie das "He" in "Helga" augesprochen.

LERNEN Dieses Kana wird mit einem Strich gebildet; einem Stopp.

Beginnen Sie in der Mitte auf der linken Seite der Zelle und ziehen Sie Ihren Stift ein kurzes Stück diagonal nach oben und rechts - aber nicht über die Mittellinie hinaus. Ohne den Stift anzuheben, ziehen Sie die längere diagonale Linie weiter nach unten und rechts. Die "Spitze" dieser umgekehrten "V"-Form sollte nicht in der Mitte liegen.

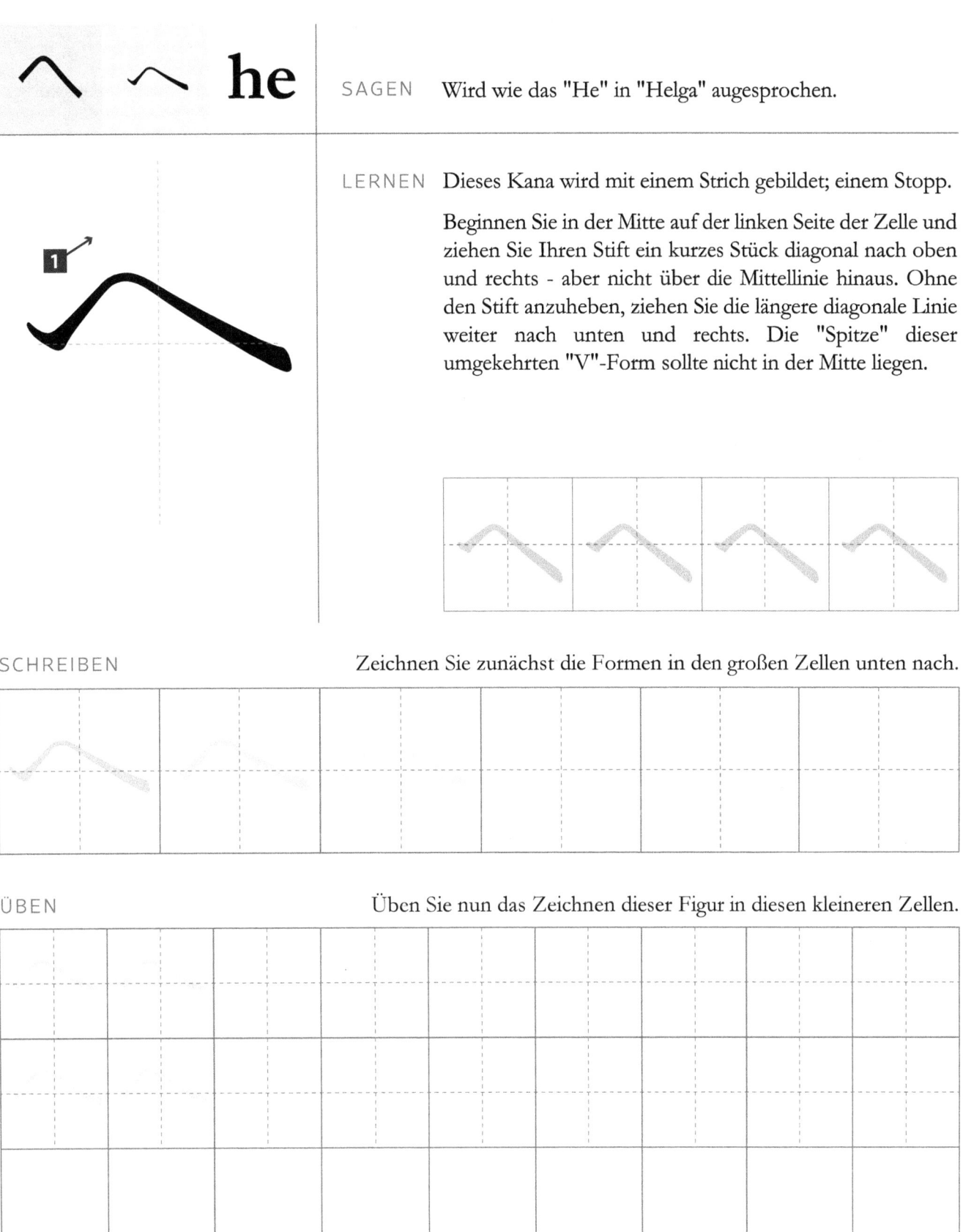

SCHREIBEN   Zeichnen Sie zunächst die Formen in den großen Zellen unten nach.

ÜBEN   Üben Sie nun das Zeichnen dieser Figur in diesen kleineren Zellen.

ほ ほ **ho**

SAGEN — Ausgesprochen wie das "ho" in "Eishockey", aber kürzer.

LERNEN — Vier Striche; Sprung-Fade, Stop, Stop, Loop-Stop.

Beginnen Sie wie bei den ersten Strichen von は, に und け mit einer geschwungenen senkrechten Linie, die mit einer Hane endet. Sowohl der zweite als auch der dritte Strich sind kurze parallele Linien oben rechts. Ihre letzte Markierung sollte auf dem zweiten Strich beginnen - achten Sie darauf, dass Sie nicht oberhalb davon beginnen. Bewegen Sie Ihren Stift nach unten, durch den dritten Strich, und enden Sie mit einer Schleife zurück über Ihre Linie nach rechts.

SCHREIBEN — Zeichnen Sie zunächst die Formen in den großen Zellen unten nach.

ÜBEN — Üben Sie nun das Zeichnen dieser Figur in diesen kleineren Zellen.

ま　ま **ma**

SAGEN　Wird ausgesprochen wie das "Ma" in "Markt".

LERNEN　Drei Striche; Anschlag, Anschlag, Schleifenanschlag.

Beginnen Sie das Zeichnen dieses Kana mit parallelen horizontalen Linien, die beide von links nach rechts gezogen werden. Der erste sollte etwas länger sein als der zweite. Ihre dritte Markierung beginnt von oben, schneidet durch die ersten beiden Striche und endet mit einer Schleife am unteren Rand. Der Schlüssel zum genauen Zeichnen dieses Kana liegt darin, die ersten Striche nicht zu lang zu machen, aber dennoch etwas breiter als die Schleife am Ende.

SCHREIBEN　Zeichnen Sie zunächst die Formen in den großen Zellen unten nach.

ÜBEN　Üben Sie nun das Zeichnen dieser Figur in diesen kleineren Zellen.

み み mi

SAGEN | Wird als "mi" ausgesprochen, wie das "Me" in Medien.

LERNEN | Langer Schleifenstopp und eine Überblendung.

Beginnen Sie den ersten Strich mit einer kurzen horizontalen Linie, dann bewegen Sie den Stift nach unten und nach links. Ohne den Stift von der Seite zu nehmen, machen Sie unten eine Schleife und schließen den Strich mit einem Bogen nach rechts ab. Ihr zweiter Strich ist eine Kurve, die sich nach unten und links bewegt und den Bogen des ersten Strichs durchschneidet. Nehmen Sie Ihren Stift von der Seite, um diesen Strich am Ende auszublenden.

SCHREIBEN | Zeichnen Sie zunächst die Formen in den großen Zellen unten nach.

ÜBEN | Üben Sie nun das Zeichnen dieser Figur in diesen kleineren Zellen.

| む | む | **mu** |

SAGEN — Wird wie *"Muh"* ausgesprochen, wie eine Kuh klingt.

LERNEN — Drei Striche; Stopp, Schleifenüberblendung, Stopp.

Wir beginnen das Zeichnen dieses Kana ähnlich wie bei す mit einem horizontalen Strich auf der linken Seite der Zelle. Die zweite Markierung beginnt oben und wird nach unten, durch den ersten Strich, gezogen und bildet dann eine Schleife unterhalb der Mitte. Halten Sie den Stift nach der Schleife auf dem Papier und ziehen Sie nach unten, quer nach rechts und dann scharf nach oben. Halten Sie an, bevor Sie so hoch wie der erste Strich gehen. Schließen Sie mit einer kurzen, schrägen Linie ab.

SCHREIBEN — Zeichnen Sie zunächst die Formen in den großen Zellen unten nach.

ÜBEN — Üben Sie nun das Zeichnen dieser Figur in diesen kleineren Zellen.

me

SAGEN | Wird als "meh" ausgesprochen, wie das "Me" in "Mensch".

LERNEN | Gezeichnet mit zwei Strichen; Stopp, lange Überblendung.

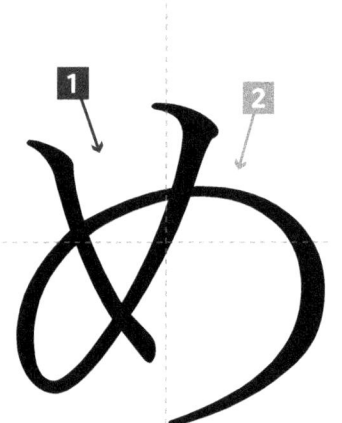

Wir schreiben dies in ähnlicher Weise wie ぬ, nur ohne Schleife am Ende. Zeichnen Sie zunächst den gebogenen diagonalen Strich nach unten und rechts. Der zweite Strich beginnt auf ähnlicher Höhe wie der erste, verläuft aber in die entgegengesetzte Richtung. Setzen Sie diesen Strich in einer großen kreisförmigen Bewegung fort, aber schnippen Sie den Stift am Ende vom Papier. Versuchen Sie, die Abstände zwischen den Strichen anzupassen, um ein genaues Zeichen zu erzeugen.

SCHREIBEN | Zeichnen Sie zunächst die Formen in den großen Zellen unten nach.

ÜBEN | Üben Sie nun das Zeichnen dieser Figur in diesen kleineren Zellen.

mo

SAGEN   Wird genauso ausgesprochen wie das "Mo" in "Monat".

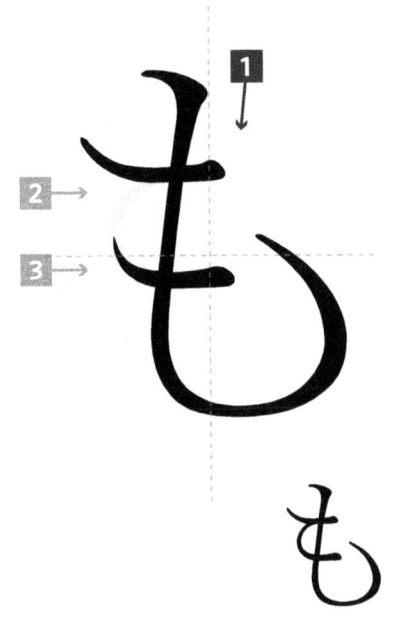

LERNEN   Dieses Kana hat drei Striche; lange Fade, Stop, Stop.

Genau wie bei Hiragana し beginnen wir mit dem Zeichnen der Form eines Angelhakens und enden mit einem Schnipsen des Stifts, während er sich herumbiegt. Ihr zweiter und dritter Strich sind zwei parallele, horizontale Linien, die den ersten Strich durchschneiden. Dieses Zeichen kann in einigen Schriftarten auch mit dem zweiten und dritten Strich verbunden sein, wie in der kleineren Abbildung links zu sehen ist.

SCHREIBEN   Zeichnen Sie zunächst die Formen in den großen Zellen unten nach.

ÜBEN   Üben Sie nun das Zeichnen dieser Figur in diesen kleineren Zellen.

ya

SAGEN　Ausgesprochen wie das "Ya" in "Yak".

LERNEN　Zeichnen Sie dieses Kana mit drei Strichen; verblassen, springen, stoppen.

Ihr erster Strich beginnt als flache diagonale Linie nach oben und rechts, bevor er sich wieder nach hinten biegt. Der zweite Strich ist eine kurze Linie oben in der Nähe der Mitte. Der dritte und letzte Strich ist eine längere diagonale Linie von links oben nach rechts unten - er sollte sich mit dem ersten Strich etwa auf einem Drittel des Weges von links schneiden. Auch mit den Strichen 2 und 3 verbunden, wie im kleineren Bild links zu sehen.

SCHREIBEN　　　　Zeichnen Sie zunächst die Formen in den großen Zellen unten nach.

ÜBEN　　　　Üben Sie nun das Zeichnen dieser Figur in diesen kleineren Zellen.

| SAGEN | Wird ausgesprochen wie das "Yu" in "Yucatán". |

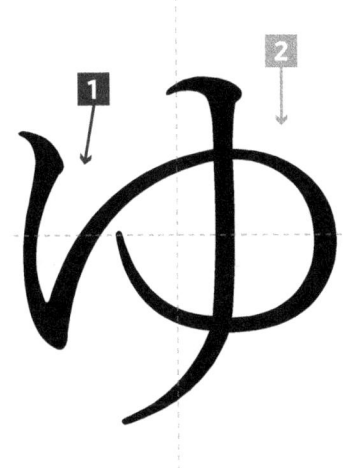

| LERNEN | Dieses Kana wird mit zwei Strichen gezeichnet; fade, fade. |

Beginnen Sie mit einer leicht gekrümmten Linie nach unten, bevor Sie wieder ein wenig nach oben gehen. Ohne den Stift von der Seite zu nehmen, fahren Sie fort, indem Sie eine große Kurve zeichnen, die sich fast wie ein Kreis um sich selbst schließt. Ihr zweiter Strich ist eine vertikale Linie, die sich nach links unten wölbt und die große Kurve des ersten Strichs durchschneidet. des ersten Strichs. Beenden Sie den Strich, indem Sie den Stift vom Papier nehmen, um ihn auszublenden.

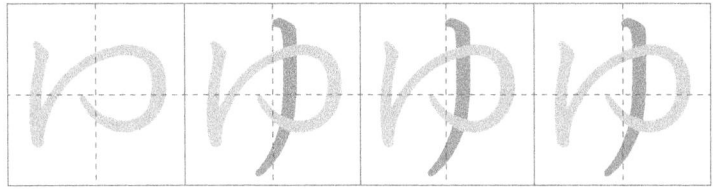

SCHREIBEN Zeichnen Sie zunächst die Formen in den großen Zellen unten nach.

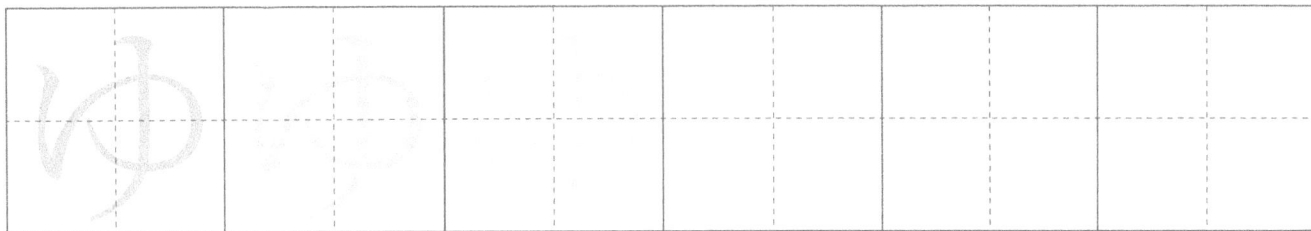

ÜBEN Üben Sie nun das Zeichnen dieser Figur in diesen kleineren Zellen.

| SAGEN | Wird genauso ausgesprochen wie das "Yo" in "Yo-yo". |

LERNEN Dieses Kana wird mit zwei Strichen gezeichnet; Sprungüberblendung, Stopp.

Die erste Markierung ist eine kurze horizontale Linie, die in der Mitte beginnt und nach rechts außen verläuft. Ihr zweiter Strich beginnt als vertikale Linie in der oberen Mitte der Zelle und wird nach unten gezogen, bevor er mit einer kleinen Schleife über sich selbst endet und unten rechts stoppt. Schnippen Sie hier nicht mit dem Stift, da dies eine Stoppmarke ist.

SCHREIBEN   Zeichnen Sie zunächst die Formen in den großen Zellen unten nach.

ÜBEN   Üben Sie nun das Zeichnen dieser Figur in diesen kleineren Zellen.

ら　ら　ra

SAGEN　Ausgesprochen wie das "Ra" in "Ramen".

LERNEN　Gezeichnet mit drei Strichen; stop, stop, ausblenden.

Der erste Strich ist eine relativ kurze Linie, die in einem Winkel nahe dem oberen Rand der Zelle ausgeführt wird. Dann, ähnlich wie beim Zeichnen der Zahl 5, bewegt sich die nächste Markierung vertikal nach unten und dann in einer großen Kurve nach rechts außen. Die Kurve sollte sich ein wenig nach oben bewegen, bevor sie sich dreht, um wieder nach unten zu kommen. nach unten. Beenden Sie mit einem Schnippen des Stifts.

SCHREIBEN　Zeichnen Sie zunächst die Formen in den großen Zellen unten nach.

ÜBEN　Üben Sie nun das Zeichnen dieser Figur in diesen kleineren Zellen.

53

り　り　ri

SAGEN　Ausgesprochen wie das "Ri" in "Ringer".

LERNEN　Mit zwei Strichen gezeichnet; springen, verblassen.

Die korrekte Schreibweise dieses Zeichens besteht aus zwei Strichen, die in der Regel als eine einzige Markierung dargestellt werden. Der erste ist ein Strich, der nach unten geht und mit einer Hane nach oben und nach rechts endet. Wenn die Hane endet, setzen Sie den Stift wieder auf dem Papier ab, um den zweiten Strich zu erzeugen. Zeichnen Sie eine lange geschwungene Linie nach unten und nach links, wobei Sie den Stift am Ende vom Blatt wegschnippen, um ihn auszublenden.

SCHREIBEN　Zeichnen Sie zunächst die Formen in den großen Zellen unten nach.

ÜBEN　Üben Sie nun das Zeichnen dieser Figur in diesen kleineren Zellen.

る る ru

SAGEN — Ausgesprochen wie das "ru" in "Känguru".

LERNEN — Ein langer gebogener Zick-Zack-Anschlag

Dieses Einstrich-Zeichen beginnt mit einer kleinen horizontalen Linie von links nach rechts, bevor es sich dreht und mit einer längeren Markierung nach links unten fährt. Ohne den Stift anzuheben, fahren Sie ein Stück zurück nach oben und erzeugen dann eine große kreisförmige Schleife, mit einer weiteren, viel kleineren Schleife am Ende. Die kleinste Schleife sollte nicht über oder hinter Ihrer Linie verlaufen, sondern oben auf ihr enden.

SCHREIBEN — Zeichnen Sie zunächst die Formen in den großen Zellen unten nach.

ÜBEN — Üben Sie nun das Zeichnen dieser Figur in diesen kleineren Zellen.

れ れ **re**

SAGEN Wird ausgesprochen wie das "re" in "rechts".

LERNEN Mit zwei Strichen gezeichnet; ein Stopp, dann eine Zick-Zack-Überblendung

Beginnend mit einer vertikalen Linie von oben nach unten, wird dieses Kana mit nur zwei Strichen ausgeführt. Der zweite Strich beginnt mit einer relativ kurzen horizontalen Linie quer zur ersten, bevor er diagonal nach unten und links verläuft und die vertikale Linie noch einmal kreuzt. Ohne den Stift zu heben, fahren Sie wieder nach oben zurück und zeichnen Sie eine hohe Wellenform nach rechts.

SCHREIBEN Zeichnen Sie zunächst die Formen in den großen Zellen unten nach.

ÜBEN Üben Sie nun das Zeichnen dieser Figur in diesen kleineren Zellen.

ろ ろ ro

SAGEN Wird ausgesprochen wie das "ro" in "Bistro".

LERNEN Mit einem Strich gezeichnet; Zick-Zack-Überblendung.

Wir schreiben das ろ in ähnlicher Weise wie das る, nur ohne Schleife am Ende. Beginnen Sie mit einem recht kurzen waagerechten Kurzstrich von links nach rechts, und folgen Sie mit einem diagonalen Strich nach unten und zurück nach links. Ziehen Sie ein wenig nach oben zurück und beenden Sie den Strich dann mit der großen Kurve nach rechts außen und wieder nach innen - alles in einer gleichmäßigen Aktion, die mit einem Schnipsen von der Seite endet.

SCHREIBEN Zeichnen Sie zunächst die Formen in den großen Zellen unten nach.

ÜBEN Üben Sie nun das Zeichnen dieser Figur in diesen kleineren Zellen.

わ わ **wa**

SAGEN — Wie das "Wa" in "Wagon", mit dem "w" von "Wut".

LERNEN — Dieses Kana wird mit zwei Strichen gezeichnet; Stopp, Zick-Zack-Überblendung.

Beginnen Sie mit der vertikalen Markierung von oben nach unten, links von der Mitte und enden Sie mit einer Hane nach oben und links. Ihr zweiter Strich geht über den ersten Strich und bewegt sich dann diagonal nach links unten und durchschneidet wieder den ersten. Schließen Sie diesen Strich ab, indem Sie die große Kurve nach rechts außen und wieder zurück ziehen und sie am Ende mit einem Strich ausblenden.

SCHREIBEN — Zeichnen Sie zunächst die Formen in den großen Zellen unten nach.

ÜBEN — Üben Sie nun das Zeichnen dieser Figur in diesen kleineren Zellen.

を を wo*

SAGEN Wie das "Wo" in "Woche", mit einem stummen "w".

LERNEN Drei Striche; von denen jeder ein Anschlag ist.

Ihr erster Strich ist eine horizontale Linie von links nach rechts. Die zweite Markierung beginnt als diagonale Linie, die den ersten Strich kreuzt, bevor sie sich nach oben und wieder nach unten dreht. Er sollte an einem tieferen Punkt enden als der, an dem sich Ihr Stift zuvor gedreht hat. Ihr dritter Strich ist eine Kurve, die von der rechten Seite, oberhalb der Mittellinie beginnt und das Ende des zweiten Strichs durchschneidet. Sie kehrt zur unteren rechten Seite der Zelle zurück und endet mit einem Anschlag.

*Ungewöhnliches Kana
(wird als Partikel verwendet)*

SCHREIBEN Zeichnen Sie zunächst die Formen in den großen Zellen unten nach.

ÜBEN Üben Sie nun das Zeichnen dieser Figur in diesen kleineren Zellen.

ん　ん　**n**

SAGEN　Ausgesprochen wie der "n"-Laut in Wappen.

LERNEN　Mit einem Strich gezeichnet; lange Überblendung.

Dieses Zeichen wird mit einem einzigen Strich erstellt. Es beginnt mit einer diagonalen Linie vom oberen mittleren Bereich nach unten links. Ohne den Stift anzuheben, fahren Sie ein wenig nach oben zurück, bevor Sie eine Wellenform erzeugen - beenden Sie diesen Strich und das Zeichen, indem Sie den Stift von der Seite wegschnippen, um den Strich um den Bereich der Mittellinie auszublenden.

SCHREIBEN　　　　　　　　Zeichnen Sie zunächst die Formen in den großen Zellen unten nach.

ÜBEN　　　　　　　　Üben Sie nun das Zeichnen dieser Figur in diesen kleineren Zellen.

Teil 4

KATAKANA-TABELLEN & GRUNDREGELN

Katakana-Tabelle

Diese Tabelle zeigt die 46 Grund-Katakana mit einer Schreibweise in Romaji für einen ähnlichen phonetischen Klang. Die Vokallaute stehen oben und ihre Gegenstücke mit Konsonantenlauten sind darunter dargestellt. ****Beachten Sie die Ausnahme 'n' - außerdem ist *wo ein ungewöhnliches Kana.**

	Vokale				
	a	**i**	**u**	**e**	**o**
	ア a	イ i	ウ u	エ e	オ o
k	カ ka	キ ki	ク ku	ケ ke	コ ko
s	サ sa	シ shi	ス su	セ se	ソ so
t	タ ta	チ chi	ツ tsu	テ te	ト to
n	ナ na	ニ ni	ヌ nu	ネ ne	ノ no
h	ハ ha	ヒ hi	フ fu	ヘ he	ホ ho
m	マ ma	ミ mi	ム mu	メ me	モ mo
y	ヤ ya		ユ yu		ヨ yo
r	ラ ra	リ ri	ル ru	レ re	ロ ro
w	ワ wa		ン **n		ヲ *wo

(Konsonanten)

Modifikatoren

DIAKRITIKA

Genau wie bei Hiragana gibt es in Katakana 25 diakritische Zeichen. Sie werden auf die gleiche Weise verwendet, um anzuzeigen, wenn ähnlich klingende Silben unterschiedlich ausgesprochen werden müssen. Noch praktischer ist, dass die Zeichen zur Anzeige dieser Klangveränderung identisch sind:

ホ **ho** ▶ ボ **bo**   ポ **po**

Grundlegend   *mit Dakuten*   *mit Handakuten*

Die Regeln für diakritische Zeichen in Katakana funktionieren auf die gleiche Weise. Dakuten und Handakuten zeigen uns, dass der konsonantische Teil des Klangs beim Sprechen verändert werden muss:

- k-Laute werden mit einem g-Laut ausgesprochen.
- s-Laute werden zu einem z-Laut (außer し).
- t-Laute werden zu d-Lauten.
- h-Laute werden mit Dakuten zu b-Lauten.
  ...oder P-Laute mit dem Handakuten.

	a	i	u	e	o
k ▶ g	ガ ga	ギ gi	グ gu	ゲ ge	ゴ go
s ▶ z	ザ za	ジ ji	ズ zu	ゼ ze	ゾ zo
t ▶ d	ダ da	ヂ dzi (ji)	ヅ dzu	デ de	ド do
h ▶ b	バ ba	ビ bi	ブ bu	ベ be	ボ bo
h ▶ p	パ pa	ピ pi	プ pu	ペ pe	ポ po

DIGRAPHEN

Hier sind auch die Digraphen für Katakana - wieder einmal verwenden wir zwei Grundzeichen, um zu zeigen, wo zwei Silbenlaute zu einem weiteren kombiniert werden. *Einfach, oder?*

キ + ヤ = キャ
(ki)　(ya)　　(kya)

Die verwendeten Zeichen haben die gleichen Klänge wie die beiden entsprechenden Hiragana. Die Wichtigkeit, das zweite Symbol kleiner als das erste zu schreiben, gilt weiterhin.

Die Aussprache dieser sogenannten zusammengesetzten Katakana-Laute ist ebenso einfach - zum Beispiel wird キ (ki) + ヤ (ya) zu キャ (kya) und wir sprechen es als "kiya" ohne den "i"-Laut aus.

Diese Tabelle sieht kompliziert aus, aber denken Sie einfach daran, dass Digraphen ausschließlich mit Buchstaben aus der Spalte イ/i *(außer sich selbst)* und modifiziert durch Buchstaben aus der Zeile Y!

キャ	キュ	キョ	ギャ	ギュ	ギョ
kya	kyu	kyo	gya	gyu	gyo
シャ	シュ	ショ	ジャ	ジュ	ジョ
sha	shu	sho	ja	ju	jo
チャ	チュ	チョ	ニャ	ニュ	ニョ
cha	chu	cho	nya	nyu	nyo
ニャ	ヒュ	ヒョ	ビャ	ビュ	ビョ
hya	hyu	hyo	bya	byu	byo
ピャ	ピュ	ピョ	リャ	リュ	リョ
pya	pyu	pyo	rya	ryu	ryo
ミャ	ミュ	ミョ			
mya	myu	myo			

Modifikatoren

DOPPELKONSONANTEN

Japanische Wörter mit Katakana können auch einen doppelten Konsonantenlaut enthalten. Diese Wörter haben auch das kleine ツ / tsu (genannt sokuon), um anzuzeigen, dass es anders ausgesprochen werden soll. Schauen wir uns ein weiteres Beispiel für Katakana an:

ペット petto
(pe ッ ← to)

Ohne das kleine ツ (tsu), hat das Wort ペト (peto) keine Bedeutung aber ペット (petto), mit dem sokuon, bedeutet Haustier - wie ein Hamster oder eine Katze!

Beachten Sie, dass das kleine ツ vor dem Zeichen steht, von dem es den zusätzlichen Konsonantenlaut übernimmt. Wenn Sie Wörter mit diesem Modifikator sehen, wird der konsonantische Teil des Zeichens, das ihm folgt (in diesem Beispiel das "t" von "to"), an das Ende des Lautes davor angefügt.

Beide Konsonanten müssen beim Sprechen des Wortes getrennt zu hören sein, so wie wenn man 'pet-to', aber ohne eine Lücke zu hinterlassen, die man hören kann.

LANGE VOKALLAUTE

Wir müssen uns immer noch der verlängerten Vokallaute (z. B. aa, ii, oo, ee und uu) bewusst sein. Wenn gesprochen, wird die Dauer des Lautes verlängert (in der Regel wieder verdoppelt), aber wenn wir in Katakana schreiben, verwenden wir einen Strich ー (genannt 伸ばし棒, was wörtlich "Streckstab" bedeutet).

Dies ist eine Möglichkeit, wie sich Katakana von Hiragana unterscheidet, abgesehen von den Formen, da dieses ein zusätzliches Vokalsymbol verwendet, um einen langen Vokallaut zu kennzeichnen. Schauen wir uns einige Beispiele an:

フ + リ = フリー   ケ + キ = ケーキ
(fu) (ri)—   fu-rii *kostenlos*   (ke)— (ki)   kee-ki *Kuchen*
                      (free)   *(cake)*

Es ist erwähnenswert, dass der "Dehnungsbalken" zu einer vertikalen Linie gedreht wird, wenn Text vertikal geschrieben wird.

Teil 5

LERNEN, WIE MAN KATAKANA SCHREIBT

| ア | ア | a |

SAGEN Wird ausgesprochen wie das "A" in "Apfel".

LERNEN Dieses Kana wird mit zwei Ausblendungsstrichen gezeichnet.

Der erste Strich beginnt als horizontale Linie von links, bevor er eine scharfe Kurve nach innen und unten zur Mitte macht. Beginnen Sie den zweiten Strich am Ende des ersten Strichs, indem Sie den Stift nach unten und nach links biegen. Der zweite Strich wird ausgeblendet, wenn er sich dem unteren linken Rand der Zelle nähert.

SCHREIBEN Zeichnen Sie zunächst die Formen in den großen Zellen unten nach.

ÜBEN Üben Sie nun das Zeichnen dieser Figur in diesen kleineren Zellen.

イ イ i

SAGEN — Wird wie das "I" in "Igel" ausgesprochen.

LERNEN — Dieses Kana wird mit zwei Strichen gezeichnet; einem Ausblenden und einem Stopp.

Ihre erste Markierung ist eine leicht gebogene diagonale Linie, die oben rechts in der Zelle beginnt und unten links ausläuft. Der nächste Strich beginnt um die Mitte Ihres ersten Strichs herum, genau rechts von der Mitte, und verläuft gerade nach unten bis zu einem Stopp in der Nähe des Bodens.

SCHREIBEN — Zeichnen Sie zunächst die Formen in den großen Zellen unten nach.

ÜBEN — Üben Sie nun das Zeichnen dieser Figur in diesen kleineren Zellen.

ウ ウ u

SAGEN　　Wird ausgesprochen wie das "u" in "zu".

LERNEN　　Mit drei Strichen gezeichnet: stop, stop, fade.

Machen Sie die erste vertikale Markierung mit einem kurzen Stoppstrich im oberen mittleren Bereich. Die zweite kurze Stoppmarkierung ist ein weiterer vertikaler Strich links von der ersten und etwas tiefer. Ihre letzte Markierung beginnt dort, wo die zweite begann. Bewegen Sie Ihren Stift horizontal von links nach rechts, berühren Sie das Ende des ersten Strichs und machen Sie dann rechts von der Zelle eine scharfe Kurve nach unten und links.

SCHREIBEN　　Zeichnen Sie zunächst die Formen in den großen Zellen unten nach.

ÜBEN　　Üben Sie nun das Zeichnen dieser Figur in diesen kleineren Zellen.

エ エ e

SAGEN — Wird als "eh" ausgesprochen, wie das "E" in "Engel".

LERNEN — Dieses Kana wird mit drei Strichen gezeichnet; alle Stopps.

Beginnen Sie mit der horizontalen Linie quer durch die Mitte im oberen Teil der Zelle. Ihr zweiter Strich beginnt dann in der Mitte des ersten, der über die Mittellinie gezogen wird. Der letzte Strich ist eine weitere horizontale Linie, von links nach rechts, die über das Ende der zweiten Markierung in der Mitte verläuft. Um sicherzustellen, dass Ihre Schrift eine gute Balance hat, sollte der letzte Strich breiter sein als der erste.

SCHREIBEN — Zeichnen Sie zunächst die Formen in den großen Zellen unten nach.

ÜBEN — Üben Sie nun das Zeichnen dieser Figur in diesen kleineren Zellen.

o

SAGEN Wird ausgesprochen wie das "o" in "oben".

LERNEN Stopp, Sprungüberblendung und Überblendung.

Beginnen Sie damit, eine lange horizontale Linie von links nach rechts zu ziehen. Ihr zweiter Strich ist eine vertikale Linie, die sich mit dem ersten etwa ein Drittel des Weges von der rechten Seite schneidet. Beenden Sie den zweiten Strich, indem Sie den Stift von der Seite wegschnippen (dies wird als "Hane" bezeichnet). Ihr letzter Strich beginnt am Schnittpunkt der Striche 1 und 2 und verläuft nach unten und links mit einer Überblendung - er sollte nicht tiefer als der zweite Strich reichen.

SCHREIBEN Zeichnen Sie zunächst die Formen in den großen Zellen unten nach.

ÜBEN Üben Sie nun das Zeichnen dieser Figur in diesen kleineren Zellen.

カ カ **ka**

SAGEN — Wird wie "Ka" ausgesprochen, wie in "Kaffee".

LERNEN — Dieses Kana wird mit zwei Strichen gezeichnet; Überblendung, Stopp.

Dies ist eine eckige Version von Hiragana か und beginnt mit einer leicht geneigten horizontalen Linie, die scharf nach unten abbiegt. Der abwärts gerichtete Teil sollte eine leichte Kurve nach hinten und schräg nach links haben. Beenden Sie diesen Strich mit einem Hane, indem Sie Ihren Stift vom Papier wegschnippen. Ihr zweiter Strich ist eine diagonale Linie nach unten, mit einer Kurve nach links und oben.

SCHREIBEN — Zeichnen Sie zunächst die Formen in den großen Zellen unten nach.

ÜBEN — Üben Sie nun das Zeichnen dieser Figur in diesen kleineren Zellen.

SAGEN	Wird ausgesprochen wie das "Ki" in "Kinder".
LERNEN	Mit drei Strichen gezeichnet; Anschlag, Anschlag und Anschlag.

Sie werden feststellen, dass dieses Katakana auch dem Hiragana-Gegenstück sehr ähnlich ist - Striche 1 und 2 sind parallele diagonale Linien von links nach rechts, in aufsteigender Richtung, der zweite etwas länger als der erste. Ihr letzter Strich ist einfach ein weiterer gerader diagonaler Strich, von oben links nach unten rechts. Sie sollte ungefähr durch die Mitte Ihrer ersten beiden Striche gehen.

SCHREIBEN — Zeichnen Sie zunächst die Formen in den großen Zellen unten nach.

ÜBEN — Üben Sie nun das Zeichnen dieser Figur in diesen kleineren Zellen.

ク ク ku

SAGEN Ausgesprochen wie "Kuh" (wie das Tier).

LERNEN Mit zwei Strichen gezeichnet; beide verblassen.

Beginnen Sie mit dem ersten gebogenen diagonalen Strich von der oberen Mitte nach unten und nach links. Beginnen Sie den zweiten Strich etwa an der gleichen Stelle wie den ersten. Er beginnt mit einer viel kürzeren horizontalen Markierung als das vorherige Kana, bevor er eine scharfe Kurve macht und in eine weitere, viel längere diagonale Kurve nach unten und nach links. Üben Sie, die beiden diagonalen Teile parallel zueinander verlaufen zu lassen, um besonders sauber zu schreiben!

SCHREIBEN Zeichnen Sie zunächst die Formen in den großen Zellen unten nach.

ÜBEN Üben Sie nun das Zeichnen dieser Figur in diesen kleineren Zellen.

ケ ケ **ke**

SAGEN Ausgesprochen wie das "ke" in "kennen".

LERNEN Drei Striche: Überblendung, Stopp, Überblendung.

Beginnen Sie ähnlich wie beim vorherigen Katakana ク, zeichnen Sie die erste diagonale Linie und enden Sie mit einer Überblendung, indem Sie den Druck verringern und den Stift leicht anheben. Die zweite Markierung beginnt diesmal in der Mitte Ihres ersten Strichs und ist nur ein längerer horizontaler Strich, der aufhört. Beginnen Sie den dritten Strich in der Mitte der zweiten Linie und bewegen Sie Ihren Stift in einer Kurve nach unten und nach links mit einer Überblendung - parallel zum ersten.

SCHREIBEN Zeichnen Sie zunächst die Formen in den großen Zellen unten nach.

ÜBEN Üben Sie nun das Zeichnen dieser Figur in diesen kleineren Zellen.

コ コ ko

SAGEN — Ausgesprochen "ko" wie in "Disko".

LERNEN — Dieses Kana wird mit zwei Strichen gezeichnet: beide Stopps.

Die erste Markierung ist ein horizontaler Strich, der anhält und ziemlich scharf nach unten abbiegt. Die zweite Markierung ist ein weiterer waagerechter Strich von links, der mit einem Anschlag auf das Ende des ersten Strichs treffen sollte. Die beiden horizontalen Teile sollten parallel und gleich lang sein.

SCHREIBEN — Zeichnen Sie zunächst die Formen in den großen Zellen unten nach.

ÜBEN — Üben Sie nun das Zeichnen dieser Figur in diesen kleineren Zellen.

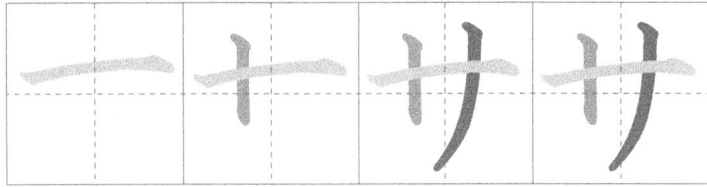 **sa**

SAGEN   Wird wie das "ßa" ausgesprochen, wie in "großartig".

LERNEN   Dieses Kana wird mit drei Strichen gezeichnet: stop, stop, fade.

Beginnen Sie dieses Kana mit einer langen horizontalen Linie. Ihr zweiter Strich durchschneidet den ersten etwa ein Drittel von links, gerade nach unten bis zu einem Anschlag gezogen. Der dritte Strich ist ein längerer gebogener Strich, der den ersten durchschneidet, etwa ein Drittel der Länge von rechts her. Er beginnt als senkrechte Linie vor dem Schnittpunkt, krümmt sich aber nach dem Durchkreuzen durch den ersten Strich nach links.

SCHREIBEN   Zeichnen Sie zunächst die Formen in den großen Zellen unten nach.

ÜBEN   Üben Sie nun das Zeichnen dieser Figur in diesen kleineren Zellen.

シ シ **shi**

SAGEN Ausgesprochen "schie" wie in "schielen".

LERNEN Zeichnen Sie dieses Kana mit drei Strichen; stop, stop, fade.

Sowohl der erste als auch der zweite Strich sind kurze Stoppmarken, die parallel und leicht schräg nach unten verlaufen. Ihr dritter Strich beginnt im unteren linken Bereich, unterhalb der ersten Striche, und wölbt sich nach oben und nach rechts. Achten Sie besonders auf die Abstände der drei Striche und die Punkte, an denen sie beginnen. Wir werden weiter vorne einige sehr ähnlich aussehende Zeichen sehen.

SCHREIBEN Zeichnen Sie zunächst die Formen in den großen Zellen unten nach.

ÜBEN Üben Sie nun das Zeichnen dieser Figur in diesen kleineren Zellen.

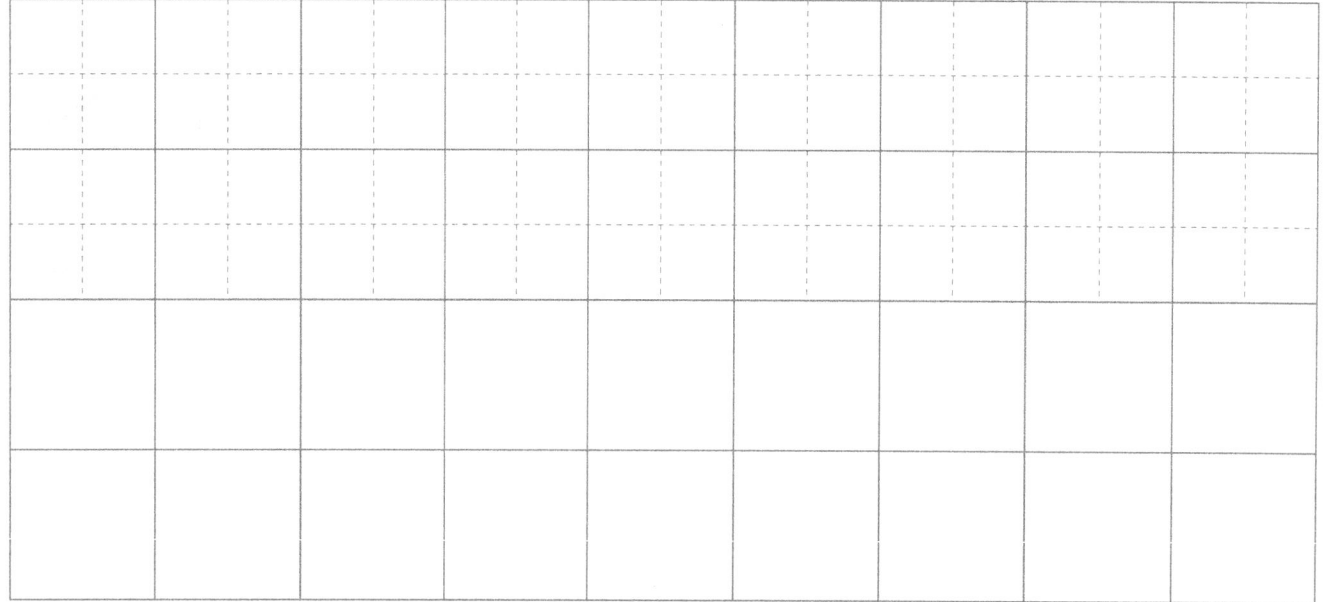

ス ス **su**

SAGEN — Ausgesprochen "su" wie in "super".

LERNEN — Zwei Striche: einen langen Fade und einen Stop.

Dieses Zeichen beginnt mit einem Strich, den wir in früheren Kana gemacht haben. Es beginnt mit einem waagerechten Strich von links nach rechts, bevor dieser scharf in eine Kurve übergeht, die sich nach unten und wieder nach links in einer Überblendung bewegt. Ihr zweites Zeichen ist ein relativ kurzer Stoppstrich und beginnt etwa in der Mitte der Kurve aus dem ersten Strich. Die zweite Markierung ist ein relativ kurzer Stoppstrich und beginnt etwa in der Mitte der Kurve des ersten Strichs.

SCHREIBEN — Zeichnen Sie zunächst die Formen in den großen Zellen unten nach.

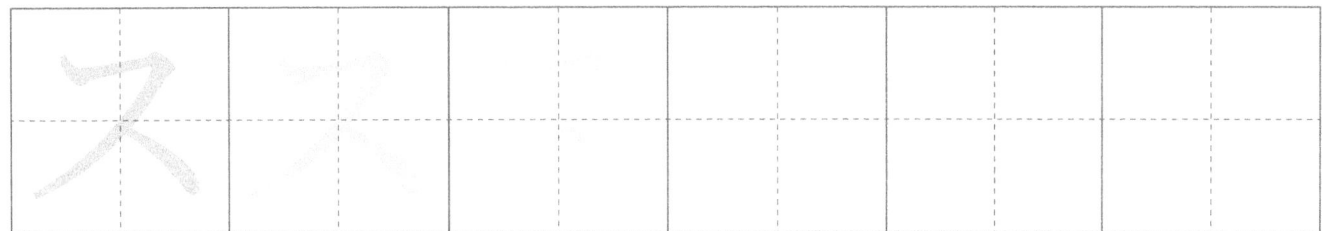

ÜBEN — Üben Sie nun das Zeichnen dieser Figur in diesen kleineren Zellen.

セ セ **se**

SAGEN — Wird wie "sä" ausgesprochen, mit muhr "s-".

LERNEN — Dieses Kana wird mit zwei Strichen gezeichnet; einem Fade und einem Stop.

Beginnen Sie den ersten Strich mit einer relativ langen, schrägen Linie von links nach rechts. Wenn Sie sich der rechten Seite nähern, geht er in eine kurze Überblendung nach unten und nach links über - aber nicht ganz so scharf wie andere Kana. Ihr zweites Zeichen beginnt als gerade vertikale Linie, die von oben gezeichnet wird und dann sanft nach rechts, in die Nähe des Zellenbodens, schwingt.

SCHREIBEN — Zeichnen Sie zunächst die Formen in den großen Zellen unten nach.

ÜBEN — Üben Sie nun das Zeichnen dieser Figur in diesen kleineren Zellen.

ソ ソ **so**

SAGEN Wird ausgesprochen wie das "So" in "Soja".

LERNEN Dieses Kana wird mit zwei Strichen erzeugt; kurzer Stopp, Überblendung.

Beginnen Sie mit einem kurzen, schrägen Stoppstrich oben links. Dieser Strich sollte in einem ziemlich steilen Winkel erfolgen, aber so, dass er wie ein senkrechter Strich aussieht. Der zweite Strich wird wiederum mit einer langen, auslaufenden Kurve nach unten und links ausgeführt. Der Startpunkt für den zweiten Strich sollte sich auf einer ähnlichen Höhe wie der erste befinden.

SCHREIBEN Zeichnen Sie zunächst die Formen in den großen Zellen unten nach.

ÜBEN Üben Sie nun das Zeichnen dieser Figur in diesen kleineren Zellen.

81

| タ　タ　**ta** | SAGEN | Wird wie das "Ta" in "Tag" ausgesprochen, aber kürzer. |

| | LERNEN | Dieses Kana wird mit drei Strichen gezeichnet; verblassen, verblassen, stoppen. |

Ein weiteres Kana mit einigen nun bekannten Formen. Ähnlich wie bei ク und ケ ist Ihr erster Strich eine auslaufende diagonale Kurve von der oberen Mitte nach unten links. Der zweite Strich beginnt mit einer waagerechten Linie vom gleichen Startpunkt wie der erste, die nach links unten gebogen ist. Ihre letzte Markierung ist eine kurze diagonale Linie von der Mitte des ersten Strichs. Sie schneidet die Mitte des zweiten Strichs.

SCHREIBEN　　　　　　　　　　　Zeichnen Sie zunächst die Formen in den großen Zellen unten nach.

ÜBEN　　　　　　　　　　　Üben Sie nun das Zeichnen dieser Figur in diesen kleineren Zellen.

チ チ chi

SAGEN
Wird genauso ausgesprochen wie das "Chi" in "Tai-Chi".

LERNEN
Dieses Kana wird mit drei Strichen gezeichnet; verblassen, stoppen, verblassen.

Ihr erster Strich ist eine flache, auslaufende Kurve von oben rechts und leicht nach unten zur linken Seite. Strich Nummer 2 ist eine lange horizontale Linie mit einem Stopp. Ihr dritter Strich sollte in der Mitte der ersten Kurve beginnen und sich mit dem zweiten Strich kreuzen, bevor er nach unten und nach links gebogen wird. Achten Sie darauf, dass Ihr zweiter Strich auf beiden Seiten breiter als der erste Strich ist!

SCHREIBEN
Zeichnen Sie zunächst die Formen in den großen Zellen unten nach.

ÜBEN
Üben Sie nun das Zeichnen dieser Figur in diesen kleineren Zellen.

| SAGEN | Wird genauso ausgesprochen wie das "Tsu" in "Tsunami". |

| LERNEN | Dieses Kana hat drei Striche: Zwei Stopps und eine Überblendung. |

Dieses Zeichen sieht ähnlich aus wie das Katakana シ und sowohl die ersten beiden Striche werden wieder als zwei parallele, schräge Linien ausgeführt. Ihr dritter Strich ist eine schwungvolle, auslaufende Kurve von rechts oben nach links unten. Achten Sie aus den gleichen Gründen auf die Abstände der Startpunkte für jeden Strich.

SCHREIBEN — Zeichnen Sie zunächst die Formen in den großen Zellen unten nach.

ÜBEN — Üben Sie nun das Zeichnen dieser Figur in diesen kleineren Zellen.

テ テ **te**

SAGEN	Wird ausgesprochen wie das "The" in "Thema".
LERNEN	Dieses Kana wird mit drei Strichen gezeichnet; stop, stop, fade.

Dieses Kana beginnt mit zwei parallelen Stoppstrichen, die horizontale Linien von links nach rechts bilden. Achten Sie darauf, dass Ihr zweiter Strich länger ist als der erste. Ihr drittes Zeichen ist ein kürzerer, gebogener diagonaler Strich nach unten und zur linken Seite. Sie beginnt in der Mitte Ihres zweiten Strichs.

SCHREIBEN — Zeichnen Sie zunächst die Formen in den großen Zellen unten nach.

ÜBEN — Üben Sie nun das Zeichnen dieser Figur in diesen kleineren Zellen.

SAGEN Wird ausgesprochen wie das "to" in "toll".

LERNEN Dieses Kana wird mit zwei Strichen erzeugt: Stop, Stop.

Zeichnen Sie eine lange vertikale Linie, die in der Nähe des oberen Bereichs der Zelle und leicht links von der Mitte beginnt und mit einem Stopp in der Nähe des unteren Bereichs der Zelle endet. Die zweite Linie ist ein viel kürzeres Stoppzeichen, das oberhalb der Mitte der Zelle beginnt und diagonal nach unten und rechts verläuft.

SCHREIBEN Zeichnen Sie zunächst die Formen in den großen Zellen unten nach.

ÜBEN Üben Sie nun das Zeichnen dieser Figur in diesen kleineren Zellen.

na

SAGEN — Wird ausgesprochen wie das "Na" in "Nacht".

LERNEN — Dieses Kana hat zwei Striche: einen Stopp- und einen Überblendstrich.

Beginnen Sie mit einem relativ langen horizontalen Stoppstrich, oberhalb der Mittellinie. Der zweite Strich beginnt in der Nähe des oberen Randes, in der Mitte, und wird nach unten und durch den ersten Strich gezogen. Er beginnt als senkrechter Strich und biegt nach dem Schnittpunkt nach links unten ab.

SCHREIBEN — Zeichnen Sie zunächst die Formen in den großen Zellen unten nach.

ÜBEN — Üben Sie nun das Zeichnen dieser Figur in diesen kleineren Zellen.

二 二 **ni** | SAGEN | Wird ausgesprochen wie das "ni" in "Knie", aber kürzer.

| LERNEN | Dieses Kana hat zwei Striche; beide sind Anschläge.

Als eines der einfacheren der Katakana-Symbole zeichnen wir 二 mit zwei parallelen Linien. Jeder bewegt sich horizontal von links nach rechts, mit einer leichten Neigung. Der zweite Strich sollte länger sein als der erste und sich auf beiden Seiten erstrecken.

SCHREIBEN   Zeichnen Sie zunächst die Formen in den großen Zellen unten nach.

ÜBEN   Üben Sie nun das Zeichnen dieser Figur in diesen kleineren Zellen.

nu

SAGEN — Ausgesprochen wie das "Nu" in "Nudeln", aber kurz.

LERNEN — Mit zwei Strichen gezeichnet; eine lange Überblendung, Stopp.

Beginnen Sie Ihren ersten Strich mit einer leicht schrägen horizontalen Linie von links nach rechts und ein wenig nach oben. Ohne den Stift anzuheben, machen Sie eine scharfe Wendung nach unten in eine lange, geschwungene Kurve. Ihre zweite Markierung ist eine kürzere Kurve, die mit einem Anschlag endet. Sie beginnt unterhalb des Beginns Ihres ersten Strichs und schneidet durch die Mitte der soeben gezeichneten Kurve.

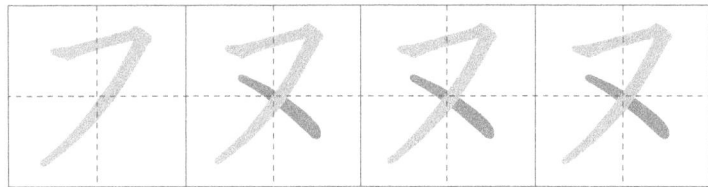

SCHREIBEN — Zeichnen Sie zunächst die Formen in den großen Zellen unten nach.

ÜBEN — Üben Sie nun das Zeichnen dieser Figur in diesen kleineren Zellen.

ネ ネ **ne**

SAGEN — Ausgesprochen wie das "Ne" in "Nest".

LERNEN — Dieses Kana hat vier Striche; Stopp, Fade, Stopp und Stopp.

Beginnen Sie mit einer kurzen abgewinkelten Stoppmarke in der oberen Mitte. Ihre zweite Markierung beginnt mit einer horizontalen Linie, bevor sie in einer scharfen Kurve nach unten und links ausläuft. Strich drei ist eine vertikale Linie mit einem Stopp, die in der Mitte der Kurve in Strich 2 beginnt. Die letzte Markierung ist eine kurze diagonale Linie, die ungefähr so lang sein sollte wie das untere Ende Ihrer langen Kurve.

SCHREIBEN — Zeichnen Sie zunächst die Formen in den großen Zellen unten nach.

ÜBEN — Üben Sie nun das Zeichnen dieser Figur in diesen kleineren Zellen.

ノ ノ **no**

SAGEN Wird wie "no" ausgesprochen.

LERNEN Dieses Kana wird mit einem Strich geschrieben, einer Überblendung.

Dies ist wahrscheinlich das einfachste der Katakana und besteht aus einem einzigen, verblassenden Kurvenstrich. Beginnen Sie oben rechts und streichen Sie nach unten bis zu einer Überblendung unten links. Achten Sie auf die Positionierung dieses Kana.

SCHREIBEN Zeichnen Sie zunächst die Formen in den großen Zellen unten nach.

ÜBEN Üben Sie nun das Zeichnen dieser Figur in diesen kleineren Zellen.

SAGEN | Wird wie das "ha" in "hallo" ausgesprochen.

LERNEN | Zeichnen Sie dieses Kana mit zwei Strichen; einer Überblendung und einem Stopp.

Ihr erster Strich ist eine geschwungene diagonale Linie, die knapp links von der Mitte beginnt und nach links hin abnimmt. Der zweite Strich spiegelt den ersten fast wider, endet aber mit einem Stopp im unteren rechten Bereich. Die Startpunkte sollten in einem gewissen Abstand voneinander und von der Mittellinie entfernt liegen.

SCHREIBEN | Zeichnen Sie zunächst die Formen in den großen Zellen unten nach.

ÜBEN | Üben Sie nun das Zeichnen dieser Figur in diesen kleineren Zellen.

ヒ ヒ **hi**

SAGEN Ausgesprochen wie das "Hy" in "Hysterie".

LERNEN Mit zwei Strichen gezeichnet; beide sind Anschläge.

Machen Sie den ersten Strich als leicht gewinkelte Linie von links nach rechts, die mit einem Anschlag endet. Ihre zweite Markierung beginnt oben links und verläuft als senkrechter Strich nach unten, der das Ende des ersten Strichs gerade berührt. Wenn sich Ihr Stift dem unteren Teil der Zelle nähert, drehen Sie ihn leicht nach rechts – dies ist keine scharf gewinkelte Ecke wie in anderen Kana. Der zweite Strich sollte etwa unterhalb des Endes Ihres ersten zum Stillstand kommen.

SCHREIBEN Zeichnen Sie zunächst die Formen in den großen Zellen unten nach.

ÜBEN Üben Sie nun das Zeichnen dieser Figur in diesen kleineren Zellen.

フ フ **fu**

SAGEN Ausgesprochen wie das "Fu" in "Fuji".

LERNEN Mit einem einzigen Strich gezeichnet; es ist eine lange Überblendung.

Dieses Kana wurde als Teil der vorherigen Symbole in dieser Arbeitsmappe gezeichnet. Es hat eine ähnliche Form wie die Zahl 7 und beginnt mit einer leicht geneigten horizontalen Linie. Wenn sich Ihr Stift der rechten Seite der Zelle nähert, sollte er sich ziemlich stark drehen. Halten Sie Ihren Stift auf der Seite, während Sie fortfahren um die lange, auslaufende Kurve nach unten in Richtung der unteren linken Seite der Zelle zu zeichnen.

SCHREIBEN Zeichnen Sie zunächst die Formen in den großen Zellen unten nach.

ÜBEN Üben Sie nun das Zeichnen dieser Figur in diesen kleineren Zellen.

∧ ⌒ **he**

SAGEN　Wird wie das "He" in "Helga" augesprochen.

LERNEN　Dieses Kana wird mit einem Strich ausgeführt; ein Anschlag.

Dieses Einstrich-Kana beginnt in der Mitte auf der linken Seite der Zelle. Ziehen Sie Ihren Stift diagonal nach oben und rechts, aber bevor Sie die Mittellinie erreichen, drehen Sie wieder nach unten und machen Sie den längeren diagonalen Strich nach rechts unten. Achten Sie darauf, dass sich der "Punkt" oben links von der Mittellinie befindet.

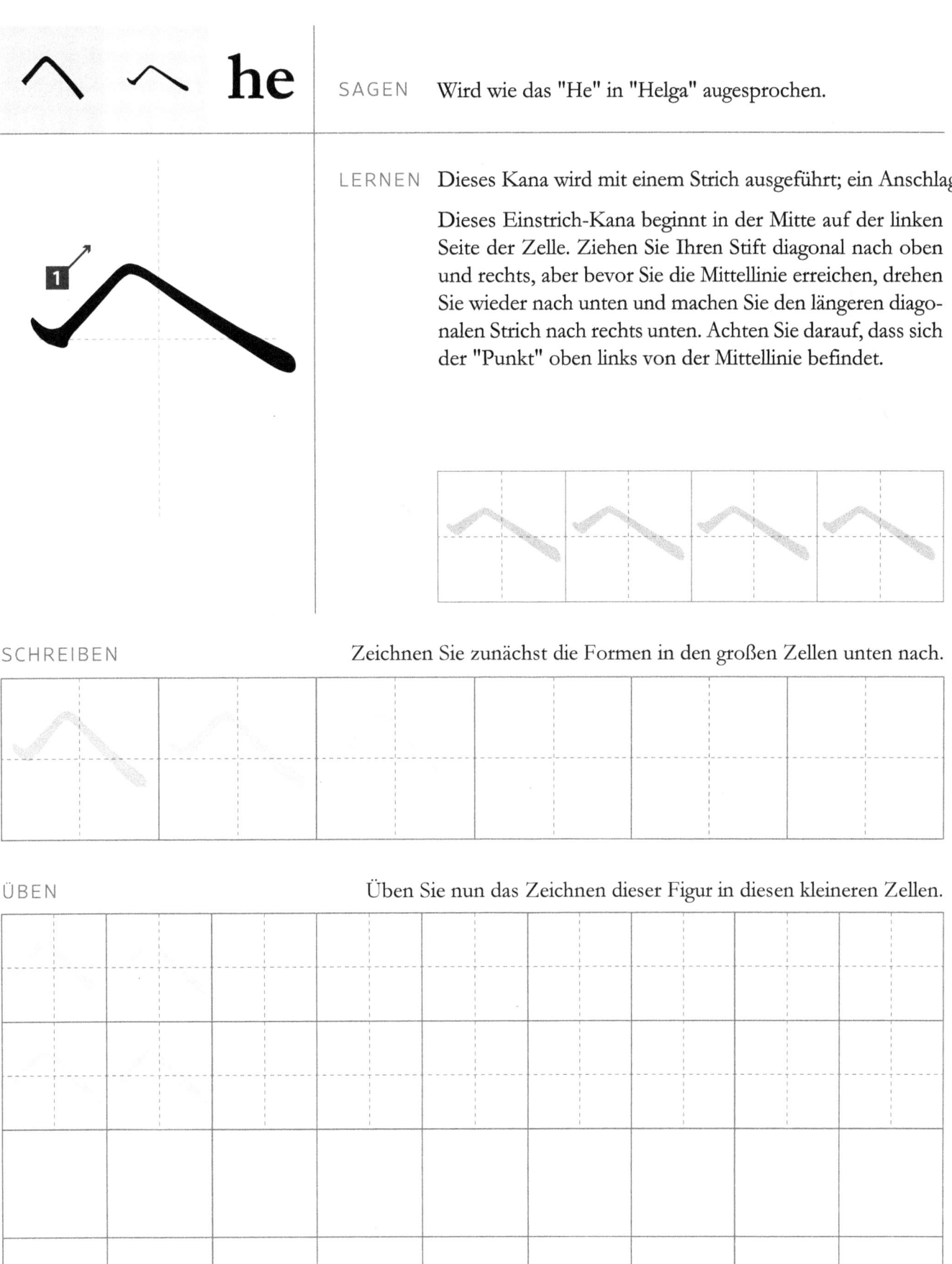

SCHREIBEN　　　　　Zeichnen Sie zunächst die Formen in den großen Zellen unten nach.

ÜBEN　　　　　Üben Sie nun das Zeichnen dieser Figur in diesen kleineren Zellen.

ホ ホ **ho**

SAGEN — Ausgesprochen wie das "ho" in "Eishockey", aber kürzer.

LERNEN — Dieses Kana hat vier Striche: Stopp, Sprungüberblendung, Stopp und Stopp.

Der erste Strich ist eine horizontale Linie von links nach rechts. Der zweite Strich ist eine vertikale Linie, die die Mitte des ersten Strichs knapp über der Mitte der Zelle schneidet. Beenden Sie mit einem "hane", indem Sie den Stift vom Papier wegschnippen. Der dritte und vierte Strich wird auf die gleiche Weise ausgeführt, wie wir das Kana ハ zeichnen, nämlich spiegelbildlich. Sie sollten keinen Kontakt mit anderen Zeichen haben.

SCHREIBEN — Zeichnen Sie zunächst die Formen in den großen Zellen unten nach.

ÜBEN — Üben Sie nun das Zeichnen dieser Figur in diesen kleineren Zellen.

ma

SAGEN   Wird wie das "Ma" in "Markt" ausgesprochen.

LERNEN   Mit zwei Strichen gezeichnet; lange Überblendung, kurzer Stopp.

Beginnen Sie mit einem vertrauten ersten Strich und ziehen Sie Ihren Stift in einer horizontalen Linie über die Zelle. Ohne den Stift anzuheben, machen Sie einen scharfen Bogen nach hinten und unten mit einer kürzeren, verblassten Kurve nach links. Ihr zweiter Strich ist eine relativ kurze Linie, die schräg nach unten und nach rechts verläuft. Achten Sie darauf, dies nicht mit dem Kana ア zu verwechseln, das wir am Anfang gelernt haben!

SCHREIBEN   Zeichnen Sie zunächst die Formen in den großen Zellen unten nach.

ÜBEN   Üben Sie nun das Zeichnen dieser Figur in diesen kleineren Zellen.

mi

SAGEN Wird als "mi" ausgesprochen, wie das "Me" in Medien.

LERNEN Mit drei Strichen gezeichnet; jeder ist ein kurzer Stopp.

Dieses Kana ist relativ einfach und besteht aus drei kurzen, parallelen Linien. Jeder wird in einem leichten Winkel gezeichnet, wobei der Stift in der Abwärtsbewegung von links nach rechts zum Stillstand kommt. Der dritte Strich ist etwas länger, und die Startposition liegt etwas weiter rechts.

SCHREIBEN Zeichnen Sie zunächst die Formen in den großen Zellen unten nach.

ÜBEN Üben Sie nun das Zeichnen dieser Figur in diesen kleineren Zellen.

mu

SAGEN   Wird wie *"Muh"* ausgesprochen, wie eine Kuh klingt.

LERNEN   Mit zwei Strichen gezeichnet; jeder ist ein kurzer Stopp.

Es sieht fast wie drei separate Striche aus, aber der erste erzeugt eine Art L-Form. Beginnen Sie mit einer geraden Linie, die diagonal von der oberen Mitte nach unten links gezogen wird. Halten Sie den Stift auf dem Papier und machen Sie eine scharfe Kurve nach rechts. Bewegen Sie sich in einem viel flacheren Winkel über die Zelle und enden Sie mit einem Stopp. Der zweite Strich ist eine kurze diagonale Stoppmarkierung, die das Ende des ersten Strichs beim Abtauchen berühren sollte.

SCHREIBEN   Zeichnen Sie zunächst die Formen in den großen Zellen unten nach.

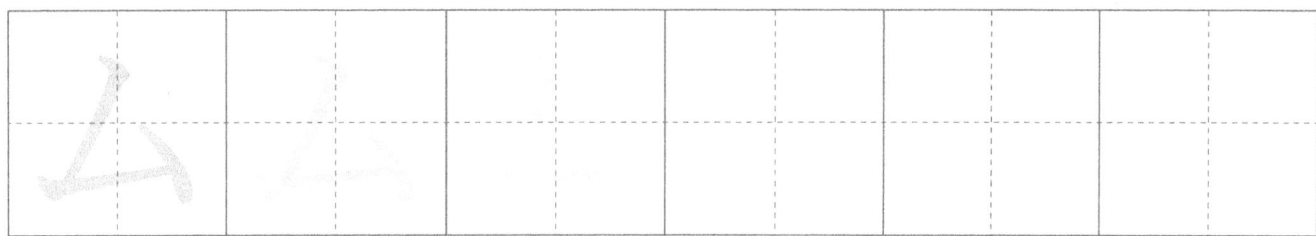

ÜBEN   Üben Sie nun das Zeichnen dieser Figur in diesen kleineren Zellen.

me

SAGEN · Wird als "meh" ausgesprochen, wie das "Me" in "Mensch".

LERNEN · Dieses Kana wird mit zwei Strichen gezeichnet; einer Überblendung und einem Anschlag.

Ihr erster Strich ist eine relativ lange geschwungene Linie, die vom oberen rechten Quadranten nach unten links gezogen wird. Dieser Strich sollte mit einer Überblendung enden. Die zweite diagonale Markierung ist ein kürzerer Bogen, der die Mitte Ihres ersten Strichs durchschneidet und mit einem Anschlag endet.

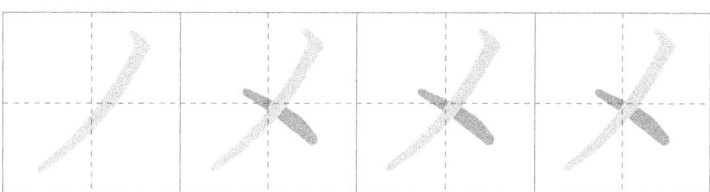

SCHREIBEN · Zeichnen Sie zunächst die Formen in den großen Zellen unten nach.

ÜBEN · Üben Sie nun das Zeichnen dieser Figur in diesen kleineren Zellen.

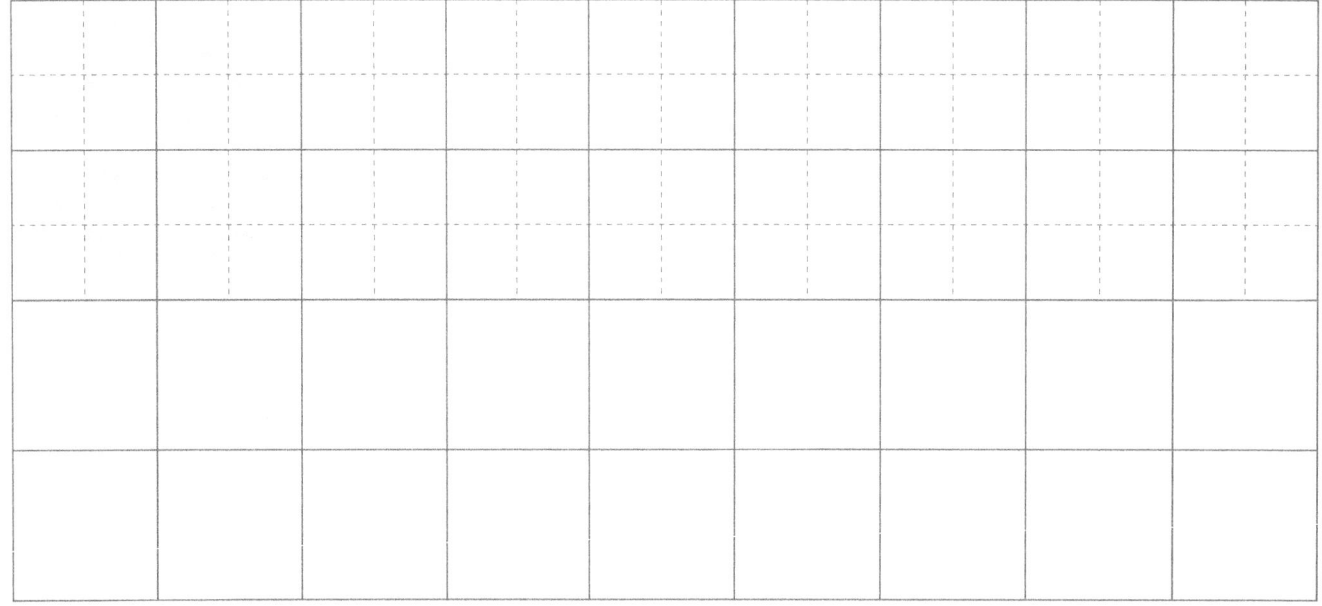

モ モ **mo**

SAGEN   Wird genauso ausgesprochen wie das "Mo" in "Monat".

LERNEN   Dieses Kana hat drei Striche; alle sind Anschläge.

Beginnen Sie dieses Kana, indem Sie den ersten und zweiten Strich als zwei horizontale Linien zeichnen. Der zweite sollte etwas länger sein als der erste. Ihr dritter Strich beginnt auf dem ersten Strich und wird zunächst als senkrechte Linie nach unten gezeichnet. Er wird Ihren zweiten Strich durchschneiden und, wenn sich Ihr Stift dem unteren Ende der Zelle nähert, leicht nach rechts drehen und auf der rechten Seite zum Stillstand kommen.

SCHREIBEN   Zeichnen Sie zunächst die Formen in den großen Zellen unten nach.

ÜBEN   Üben Sie nun das Zeichnen dieser Figur in diesen kleineren Zellen.

ヤ　ヤ　**ya**　　SAGEN　Ausgesprochen wie das "Ya" in "Yak".

LERNEN　Zwei Striche; einer Überblendung und einem Stopp.

Wir beginnen das Zeichnen dieses Kana mit einer geraden Linie von links nach rechts, in einem relativ flachen Winkel nach oben. Wenn wir uns der rechten Seite der Zelle nähern, dreht es sich scharf nach unten und mit einer kurzen Überblendung zurück zur Mitte. Ihr zweiter Schlag ist eine lange diagonale Linie vom oberen linken Teil der Zelle, näher an der Mitte als an der Seite, und er durchschneidet den ersten Strich etwa ein Drittel des Weges vom Anfang.

SCHREIBEN　　Zeichnen Sie zunächst die Formen in den großen Zellen unten nach.

ÜBEN　　Üben Sie nun das Zeichnen dieser Figur in diesen kleineren Zellen.

ユ ユ yu

SAGEN Wird ausgesprochen wie das "Yu" in "Yucatán".

LERNEN Dieses Kana wird mit zwei Strichen gezeichnet; beide sind Anschläge.

Ihr erster Strich beginnt als kurze horizontale Linie und macht dann eine scharfe Kurve nach unten bis zu einem Anschlag. Ihr zweiter Strich beginnt weiter links als Ihr erster und unterhalb der Mittellinie. Sie ist ein längerer horizontaler Strich und muss das Ende des ersten Strichs berühren. Damit dieses Zeichen nicht mit dem Katakana ココ verwechselt wird, achten Sie darauf, dass der zweite Strich auf beiden Seiten weiter reicht.

SCHREIBEN Zeichnen Sie zunächst die Formen in den großen Zellen unten nach.

ÜBEN Üben Sie nun das Zeichnen dieser Figur in diesen kleineren Zellen.

103

yo

SAGEN — Wird genauso ausgesprochen wie das "Yo" in "Yo-yo".

LERNEN — Dieses Kana wird mit drei Strichen gezeichnet; alle Stopps.

Dieses Kana sieht aus wie ein rückwärts geschriebenes E und beginnt, ähnlich wie das Kana auf der vorherigen Seite, mit einer horizontalen Linie, die auf der rechten Seite in eine vertikale Linie übergeht. Ihre zweite Linie ist etwas kürzer und wird quer durch die Mitte der Zelle gezogen, um auf die Mitte der vertikalen Linie zu treffen. Der dritte Strich schließlich ist ein etwas längerer Strich, der von links nach rechts verläuft und im unteren rechten Quadranten auf das Ende des ersten Strichs trifft.

SCHREIBEN — Zeichnen Sie zunächst die Formen in den großen Zellen unten nach.

ÜBEN — Üben Sie nun das Zeichnen dieser Figur in diesen kleineren Zellen.

ラ ラ ra

SAGEN	Ausgesprochen wie das "Ra" in "Ramen".
LERNEN	Dieses Kana wird mit zwei Strichen gezeichnet; stoppen, ausblenden.

Beginnen Sie mit einer kurzen horizontalen Linie mit einem Stoppstrich nahe dem oberen Ende der Zelle. Strich Nummer zwei ist wie die Form der Zahl 7 und beginnt mit einer längeren, horizontalen Linie parallel zum ersten Strich. Er dreht sich dann zu einer langen, gebogenen diagonalen Linie. Blenden Sie diesen Strich in Richtung des zentralen Bereich unten aus.

SCHREIBEN — Zeichnen Sie zunächst die Formen in den großen Zellen unten nach.

ÜBEN — Üben Sie nun das Zeichnen dieser Figur in diesen kleineren Zellen.

リ リ **ri**

SAGEN　Ausgesprochen wie das "Ri" in "Ringer".

LERNEN　Mit zwei Strichen gezeichnet; stoppen, ausblenden.

Dies ist ein weiteres Katakana-Symbol, das dem Hiragana-Gegenstück visuell ähnelt. Der erste Strich ist einfach eine gerade, vertikale Linie vom oberen linken Bereich bis knapp unter die Mittellinie. Er endet mit einem Stopp. Der zweite Strich beginnt auf ähnlicher Höhe wie der erste und wird gerade bis zur Mittellinie gezeichnet, bevor er sich zum unteren linken Bereich der Zelle zurückbiegt – beenden Sie diesen Strich mit einer Überblendung.

SCHREIBEN　Zeichnen Sie zunächst die Formen in den großen Zellen unten nach.

ÜBEN　Üben Sie nun das Zeichnen dieser Figur in diesen kleineren Zellen.

ル ル **ru**

SAGEN Ausgesprochen wie das "ru" in "Känguru".

LERNEN Dieses Kana wird mit zwei Strichen gezeichnet; beide sind Überblendungen.

Beginnen Sie mit einer geschwungenen Linie vom oberen Bereich bis zur unteren linken Seite und beenden Sie sie mit einer Überblendung. Der zweite Strich beginnt als gerade, vertikale Linie von einem höheren Punkt als der erste, und zwar genau rechts von der Mittellinie. Wenn sich der Stift dem unteren Bereich nähert, schwenkt er scharf nach rechts und endet mit einem leicht gebogenen, verblassenden Strich.

SCHREIBEN Zeichnen Sie zunächst die Formen in den großen Zellen unten nach.

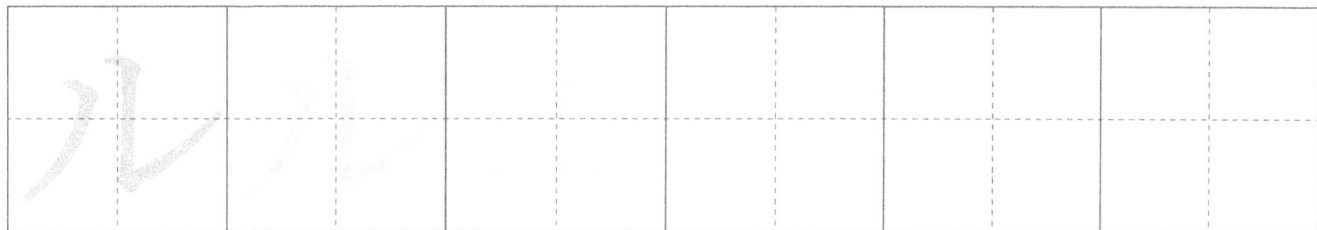

ÜBEN Üben Sie nun das Zeichnen dieser Figur in diesen kleineren Zellen.

レ レ **re**

SAGEN   Wird ausgesprochen wie das "re" in "rechts".

LERNEN   Mit einem einzigen Strich gezeichnet; eine lange Überblendung.

Dieses Kana ist im Wesentlichen dasselbe wie der zweite Strich des vorherigen Katakana-Symbols ル, außer dass es breiter ist, mittig in der Zelle positioniert und mit einer längeren Überblendkurve am Ende abgeschlossen wird.

SCHREIBEN   Zeichnen Sie zunächst die Formen in den großen Zellen unten nach.

ÜBEN   Üben Sie nun das Zeichnen dieser Figur in diesen kleineren Zellen.

ロ ro

SAGEN — Wird ausgesprochen wie das "ro" in "Bistro".

LERNEN — Mit drei Strichen gezeichnet; alle sind Anschläge.

Machen Sie Ihren ersten Strich mit einer geraden vertikalen Linie in der linken Hälfte der Zelle. Der zweite Strich beginnt an der gleichen Stelle wie der erste und wird nach rechts herausgezogen, bevor er in einer geraden Linie nach unten verläuft. Der letzte Strich ist eine weitere gerade horizontale Linie, die am Ende des ersten Strichs beginnt und mit einem Stopp endet, wenn der Stift das Ende des zweiten Strichs erreicht. Die Form des Kastens wird insgesamt in der unteren Mitte positioniert.

SCHREIBEN — Zeichnen Sie zunächst die Formen in den großen Zellen unten nach.

ÜBEN — Üben Sie nun das Zeichnen dieser Figur in diesen kleineren Zellen.

109

ワ ワ **wa**

SAGEN — Wie das "Wa" in "Wagon", mit dem "w" von "Wut".

LERNEN — Mit zwei Strichen gezeichnet; stoppen, ausblenden.

Damit dieses Kana nicht mit dem Katakana ク verwechselt wird, ist es wichtig, dass Ihr erster Strich eine gerade vertikale Linie bildet. Der zweite Strich beginnt an der gleichen Stelle wie der erste Strich und bewegt sich gerade nach rechts, bevor er sich dreht und zu einer gebogenen diagonalen Linie wird. Blenden Sie diesen Strich aus, wenn er sich dem Boden nahe der Mitte nähert.

SCHREIBEN — Zeichnen Sie zunächst die Formen in den großen Zellen unten nach.

ÜBEN — Üben Sie nun das Zeichnen dieser Figur in diesen kleineren Zellen.

ヲ ヲ **wo***

SAGEN | Wie das "Wo" in "Woche", mit einem stummen "w".

LERNEN | Gezeichnet mit drei Strichen; lange Überblendung und zwei Stopps.

Unser vorletztes Kana-Symbol beginnt mit zwei horizontalen Strichen in der oberen Hälfte der Zelle. Es sind parallele Striche und der zweite ist etwas kürzer. Der dritte Strich ist ein langer, geschwungener Bogen, der am Ende des ersten Strichs beginnt. Er sollte auf das Ende des zweiten Strichs treffen und im unteren linken Bereich der Zelle auslaufen.

* *Uncommon kana, used as a particle.*

SCHREIBEN | Zeichnen Sie zunächst die Formen in den großen Zellen unten nach.

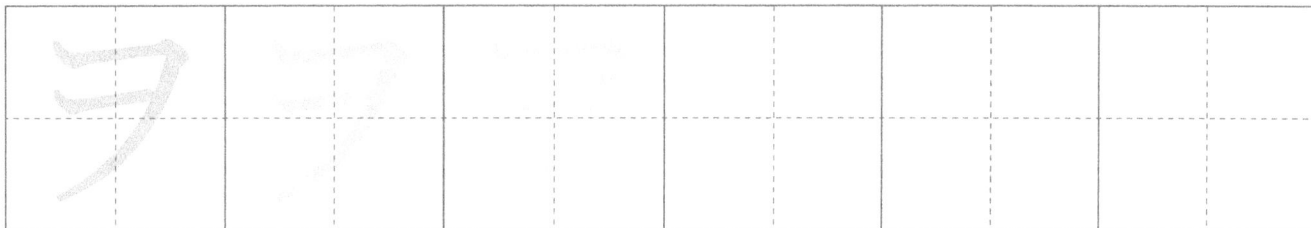

ÜBEN | Üben Sie nun das Zeichnen dieser Figur in diesen kleineren Zellen.

n

SAGEN — Ausgesprochen wie der "n"-Laut in Wappen.

LERNEN — Dieses Kana wird mit zwei Strichen gezeichnet; kurzer Stopp, Überblendung.

Unser letztes Grund-Katakana ン wird leicht mit ソ verwechselt, daher ist es wichtig, dass das Zeichen insgesamt breiter gezeichnet wird. Der erste Strich ist ein relativ kurzer, schräger, fast senkrechter Strich, der mit einem Anschlag endet. Der zweite Strich ist eine flache, geschwungene Linie, die diagonal von links unten nach rechts oben verläuft oberen rechten Seite verläuft und mit einer Überblendung endet.

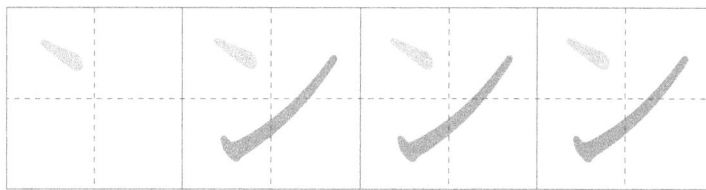

SCHREIBEN — Zeichnen Sie zunächst die Formen in den großen Zellen unten nach.

ÜBEN — Üben Sie nun das Zeichnen dieser Figur in diesen kleineren Zellen.

Teil 6

GENKOUYOUSHI

RASTERPAPIER FÜR DIE WEITERE PRAXIS

Teil 7

FLASH CARDS

FOTOKOPIEREN ODER AUSSCHNEIDEN & AUFBEWAHREN

あ	お	き
い	か	こ
つ	せ	せ
ざ	く	し

a
あ

Wird ausgesprochen wie das "A" in "Apfel".

o
お

Wird ausgesprochen wie das "o" in "oben".

ke
け

Ausgesprochen wie das "ke" in "kennen".

i
い

Wird wie das "I" in "Igel" ausgesprochen.

ka
か

Wird wie "Ka" ausgesprochen, wie in "Kaffee".

ko
こ

Ausgesprochen "ko" wie in "Disko".

u
う

Wird ausgesprochen wie das "u" in "zu".

ki
き

Wird ausgesprochen wie das "Ki" in "Kinder".

sa
さ

Wird wie das "Ba" ausgesprochen, wie in "großartig".

e
え

Wird als "eh" ausgesprochen, wie das "E" in "Engel".

ku
く

Ausgesprochen wie "Kuh" (wie das Tier).

shi
し

Ausgesprochen "schie" wie in "schielen".

す	ふ	な
せ	し	に
ね	と	ぬ
た	て	の

su

Ausgesprochen "su" wie in "super".

chi

Wird genauso ausgesprochen wie das "Chi" in "Tai-Chi".

na

Wird ausgesprochen wie das "Na" in "Nacht".

se

Wird wie "sä" ausgesprochen, mit muhr "s-".

tsu

Wird genauso ausgesprochen wie das "Tsu" in "Tsunami".

ni

Wird ausgesprochen wie das "ni" in "Knie", aber kürzer.

ta

Wird wie das "Ta" in "Tag" ausgesprochen, aber kürzer.

so

Wird ausgesprochen wie das "So" in "Soja".

te

Wird ausgesprochen wie das "The" in "Thema".

nu

Ausgesprochen wie das "Nu" in "Nudeln", aber kurz.

to

Wird ausgesprochen wie das "to" in "toll".

ne

Ausgesprochen wie das "Ne" in "Nest".

no

Wird wie "no" ausgesprochen.

ha

Wird wie das "ha" in "hallo" ausgesprochen.

hi
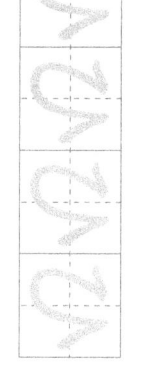
Ausgesprochen wie das "Hy" in "Hysterie".

fu
Ausgesprochen wie das "Fu" in "Fuji".

he

Wird wie das "He" in "Helga" augesprochen.

ho

Ausgesprochen wie das "ho" in "Eishockey", aber kürzer.

ma

Wird ausgesprochen wie das "Ma" in "Markt".

mi
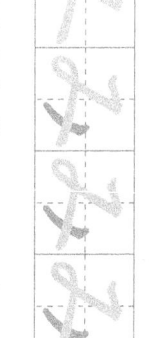
Wird als "mi" ausgesprochen, wie das "Me" in Medien.

mu

Wird wie "Muh" ausgesprochen, wie eine Kuh klingt.

me

Wird als "meh" ausgesprochen, wie das "Me" in "Mensch".

mo

Wird genauso ausgesprochen wie das "Mo" in "Monat".

ya

Ausgesprochen wie das "Ya" in "Yak".

め	ち	せ
す	あ	ん
れ	う	
こ	む	

yu

Wird ausgesprochen wie das "Yu" in "Yucatán".

yo

Wird genauso ausgesprochen wie das "Yo" in "Yo-yo".

re

Wird ausgesprochen wie das "re" in "rechts".

ri

Ausgesprochen wie das "Ri" in "Ringer".

ra

Ausgesprochen wie das "Ra" in "Ramen".

ru

Ausgesprochen wie das "ru" in "Känguru".

ro

Wird ausgesprochen wie das "ro" in "Bistro".

wa
Wie das "Wa" in "Wagon", mit dem "w" von "Wut".

wo

Wie das "Wo" in "Woche", mit einem stummen "w".

n*

Ausgesprochen wie der "n"-Laut in Wappen.

a
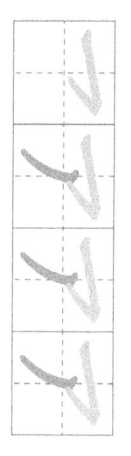
Wird ausgesprochen wie das "A" in "Apfel".

i
Wird wie das "I" in "Igel" ausgesprochen.

u
Wird ausgesprochen wie das "u" in "zu".

e
Wird als "eh" ausgesprochen, wie das "E" in "Engel".

o

Wird ausgesprochen wie das "o" in "oben".

ka
Wird wie "Ka" ausgesprochen, wie in "Kaffee".

ki
Wird ausgesprochen wie das "Ki" in "Kinder".

ku

Ausgesprochen wie "Kuh" (wie das Tier).

ke

Ausgesprochen wie das "ke" in "kennen".

ko

Ausgesprochen "ko" wie in "Disko".

sa

Wird wie das "Ba" ausgesprochen, wie in "großartig".

shi

Ausgesprochen "schie" wie in "schielen".

su

Ausgesprochen "su" wie in "super".

se
Wird wie "sä" ausgesprochen, mit muhr "s-".

so
Wird ausgesprochen wie das "So" in "Soja".

ta

Wird wie das "Ta" in "Tag" ausgesprochen, aber kürzer.

chi

Wird genauso ausgesprochen wie das "Chi" in "Tai-Chi".

tsu

Wird genauso ausgesprochen wie das "Tsu" in "Tsunami".

te

Wird ausgesprochen wie das "The" in "Thema".

to

Wird ausgesprochen wie das "to" in "toll".

na

Wird ausgesprochen wie das "Na" in "Nacht".

ni

Wird ausgesprochen wie das "ni" in "Knie", aber kürzer.

nu

Ausgesprochen wie das "Nu" in "Nudeln", aber kurz.

ne

Ausgesprochen wie das "Ne" in "Nest".

no

Wird wie "no" ausgesprochen.

ha
Wird wie das "ha" in "hallo" ausgesprochen.

hi

Ausgesprochen wie das "Hy" in "Hysterie".

fu
Ausgesprochen wie das "Fu" in "Fuji".

he

Wird wie das "He" in "Helga" augesprochen.

ho
Ausgesprochen wie das "ho" in "Eishockey", aber kürzer.

ma
Wird wie das "Ma" in "Markt" ausgesprochen.

mi

Wird als "mi" ausgesprochen, wie das "Me" in Medien.

mu

Wird wie "Muh" ausgesprochen, wie eine Kuh klingt.

me

Wird als "meh" ausgesprochen, wie das "Me" in "Mensch".

mo

Wird genauso ausgesprochen wie das "Mo" in "Monat".

ya

Ausgesprochen wie das "Ya" in "Yak".

ヨ	イ	ラ
ヱ	シ	ヘ
ヱ	ロ	
リ	ヌ	

yu

Wird ausgesprochen wie das "Yu" in "Yucatán".

yo

Wird genauso ausgesprochen wie das "Yo" in "Yo-yo".

ru

Ausgesprochen wie das "ru" in "Känguru".

ri

Ausgesprochen wie das "Ri" in "Ringer".

re

Wird ausgesprochen wie das "re" in "rechts".

ra

Ausgesprochen wie das "Ra" in "Ramen".

ro

Wird ausgesprochen wie das "ro" in "Bistro".

wa

Wie das "Wa" in "Wagon", mit dem "w" von "Wut".

wo

Wie das "Wo" in "Woche", mit einem stummen "w".

n*

Ausgesprochen wie der "n"-Laut in Wappen.

ありがとう
arigatou

Vielen Dank!

Vielen Dank, dass Sie sich für unser Buch entschieden haben!

Sie sind nun auf dem besten Weg, Japanisch lesen, schreiben und sprechen zu lernen, und wir hoffen, dass Ihnen unser Hiragana & Katakana Arbeitsbuch gefallen hat.

Wenn es Ihnen Spaß gemacht hat, mit uns zu lernen, würden wir uns sehr freuen, wenn Sie uns in einer Rezension von Ihren Fortschritten berichten!

Wir sind immer daran interessiert zu erfahren, ob es irgendetwas gibt, was wir tun können, um unsere Bücher für zukünftige Schüler besser zu machen. Wir sind bestrebt, die besten Sprachlerninhalte zur Verfügung zu stellen, daher bitten wir Sie, sich mit uns per E-Mail in Verbindung zu setzen, wenn Sie ein Problem mit einem der Inhalte in diesem Buch hatten:

hello@polyscholar.com

POLYSCHOLAR

www.polyscholar.com

© Copyright 2020 George Tanaka - Alle Rechte Vorbehalten.

Rechtliche Hinweise: Dieses Buch ist urheberrechtlich geschützt. Dieses Buch ist nur für den persönlichen Gebrauch bestimmt. Der in diesem Buch enthaltene Inhalt darf ohne direkte schriftliche Genehmigung des Autors oder des Herausgebers nicht reproduziert, vervielfältigt oder übertragen werden. Sie dürfen den Inhalt dieses Buches ohne die Zustimmung des Autors oder des Herausgebers nicht verändern, verteilen, verkaufen, verwenden, zitieren oder paraphrasieren.

www.ingramcontent.com/pod-product-compliance
Lightning Source LLC
LaVergne TN
LVHW081529060526
838200LV00049B/2265